DESENHO TÉCNICO de ROUPA FEMININA

Adriana Sampaio Leite
e Marta Delgado Velloso

Desenho técnico de roupa feminina

Editora Senac São Paulo – São Paulo – 2017

Gerente/Publisher
Jeane Passos de Souza (jpassos@sp.senac.br)

Coordenação Editorial/Prospecção
Luís Américo Tousi Botelho (luis.tbotelho@sp.senac.br)
Dolores Crisci Manzano (dolores.cmanzano@sp.senac.br)

Administrativo
grupoedsadministrativo@sp.senac.br

Comercial
comercial@editorasenacsp.com.br

Projeto Gráfico, Diagramação e Capa: Interface Designers
Fotos: José Luiz Pederneiras
Ilustrações: Letícia Carrera
Revisão: Tereza Rocha

Editora Senac São Paulo
Rua 24 de Maio, 208 – 3º andar
Centro – CEP 01041-000
Caixa Postal 1120 – CEP 01032-970 – São Paulo – SP
Tel. (11) 2187-4450 – Fax (11) 2187-4486
E-mail: editora@sp.senac.br
Home page: http://www.livrariasenac.com.br

Dados Internacionais de Catalogação na Publicação (CIP)
(Jeane Passos de Souza - CRB 8ª/6189)

Leite, Adriana Sampaio
Desenho técnico de roupa feminina / Adriana Sampaio Leite, Marta Delgado Velloso. – São Paulo : Editora Senac São Paulo, 2017.

Bibliografia.
ISBN 978-65-5536-460-6 (Venda internacional)

1. Corte e costura 2. Desenho técnico de roupa 3. Roupa feminina 4. Modelagem feminina I. Velloso, Marta Delgado. II. Título.

17-572s CDD – 391.1
646.4
BISAC CRA009000

Índice para catálogo sistemático:

1. Moda : Roupa feminina 391.1
2. Vestuário : Roupa feminina 646.4

Nota do Editor

Com o objetivo de levar o leitor a compreender todas as etapas necessárias ao processo de elaboração de um desenho técnico de roupa feminina, o livro mostra o desenho do corpo, do manequim, das partes que compõem a roupa, dos detalhes e acabamentos, bem como os recursos variados de uso dos tecidos e os acessórios, até chegar ao desenho da roupa propriamente dita, tal como deve ser apresentado na ficha técnica, numa ordem que facilita o aprendizado.

A proposta do livro é resultado da experiência profissional da Adriana Sampaio Leite e Marta Delgado Velloso, ambas professoras de cursos superiores de moda, nos quais o aluno aprende o desenho técnico a partir do manequim de costura. Com este livro, o Senac São Paulo espera contribuir para desenvolver e divulgar uma nova abordagem para a dinâmica da confecção de roupa em escala industrial, formando profissionais mais qualificados para esse importante segmento do mercado da moda.

Sumário

O corpo **08**

Proporção, simetria, volumes e concavidades 08
Principais medidas 10

O manequim **12**

Medidas 16
O manequim passo a passo 19
Alturas 19
Larguras 20
Larguras do pescoço e do ombro 21
Alturas do pescoço e do ombro 22
Marcação da linha de costura do ombro 23
Altura das cavas 24
Largura das cavas 24
Marcação das linhas de 1/4 do corpo 25
Desenho do pescoço 25
Desenho do braço 26
Desenho das pernas 28
Desenho final do manequim completo 32
Desenho da lateral 33
Desenho dos braços na lateral 37
Desenho das pernas na lateral 38
Desenho final do manequim lateral sem e com braço 39

A estrutura da roupa **40**

Regiões do corpo 40
Linhas de recortes e limites de blusas e vestidos 41
Linhas de recortes e limites de mangas e calças 42
Silhuetas 43
Pences e recortes da blusa 50
Saias 54
Decotes 56
Golas 60
Colarinho passo a passo 63
Abotoamento de camisas 65
Lapela 66
Cava 68
Mangas 70
Punhos 76
Linhas de bordas 77

Galeria de modelos **78**

Paletós 79
Mangas de paletós 90
Saias 92
Calças 98
Vestidos 105
Camisas e blusas 111

Recursos de panejamento **114**

Pregas 115
Babados 116
Franzido 117
Godê 117
Cascata 118
Drapeado 119

Fechamentos e acessórios **120**

Abotoamentos 121
Braguilha 121
Casas 123
Botões 123
Fecho ecler 124
Amarração 124
Engates 125
Fivelas 125
Laços 126
Outros fechamentos 126
Bolsos 127

O desenho da roupa **130**

A camisa 131
A jaqueta 134
A calça 138
Cotas de medidas 140

Construção da ficha técnica **144**

Etapas da construção da roupa 144
Etapas da reprodução da roupa 145
A ficha técnica 147

Exemplos de desenhos **152**

Blusa sem manga 152
Calça jeans cinco bolsos 152
Jaqueta jeans 154
Saia jeans cinco bolsos 154
Vestido godê 156

Bibliografia 158

O corpo

Vamos procurar entender o corpo humano como o suporte que vai ser envolvido pela roupa. Abordaremos os conceitos de proporção, simetria e volume e veremos como tomar as medidas de altura e largura, fundamentais para a realização do desenho técnico.

Para o desenhista técnico de moda, a roupa deve ser entendida como um objeto que repousa sobre o volume do corpo, obedecendo às suas formas e articulações. No desenvolvimento de seu trabalho, o profissional precisará lembrar que suas orientações servirão de base para a confecção da roupa e que esta, fora do corpo, é uma superfície plana, mas que ganha volume quando vestida, tornando-se tridimensional. Assim, além das medidas de altura e largura, o desenho precisa reproduzir as reentrâncias e os relevos do corpo. Veja a seguir alguns conceitos básicos que irão fundamentar o trabalho do desenho técnico.

PROPORÇÃO

Refere-se ao equilíbrio ideal de tamanho entre as partes que compõem um todo. No caso do corpo humano, a cabeça estabelece uma relação de proporção com o tronco e as pernas. No desenho, a cabeça é usada como unidade de medida que fornecerá as alturas e larguras do corpo. Na mulher brasileira, cuja altura média fica entre 1,60 m e 1,75 m, o corpo é dividido em aproximadamente 8 cabeças.

SIMETRIA

Refere-se à semelhança entre os lados direito e esquerdo. De um modo geral, o corpo humano não mantém exatamente as mesmas medidas de um lado e do outro; há pequenas diferenças, muitas vezes imperceptíveis quando se olha, mas perceptíveis quando se mede. No desenho, o eixo de simetria é representado por uma linha vertical que vai da cabeça, passando pelo nariz, até o espaço entre os pés.

VOLUMES E CONCAVIDADES

Referem-se às formas do corpo: suas curvas, reentrâncias e relevos. No desenho, são as linhas sinuosas que os representam.

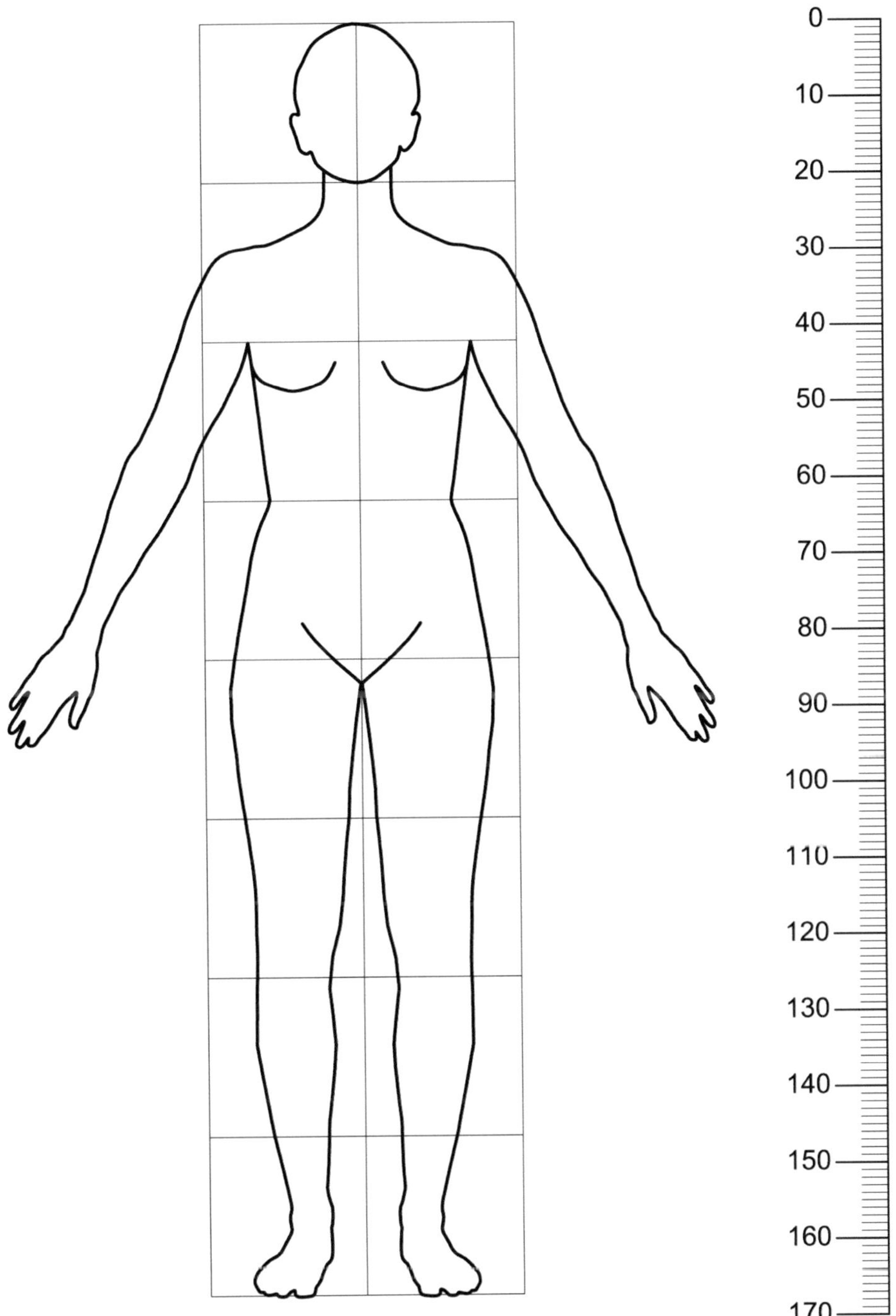
0
10
20
30
40
50
60
70
80
90
100
110
120
130
140
150
160
170

Principais medidas

O corpo pode ser dividido em partes iguais,
tendo como unidade de medida a cabeça:

Alturas

Cabeça – $^1/_8$ do comprimento total do corpo.
Busto – um pouco mais que 2 cabeças.
Cintura – um pouco mais que 3 cabeças.
Quadril – aproximadamente 4 cabeças.
Base do joelho – aproximadamente 6 cabeças.
Base da panturrilha – aproximadamente 7 cabeças.
Base do pé – 8 cabeças.
Mão – 1 cabeça.

Larguras

Nas larguras, a unidade de medida também é a cabeça:
Ombro a ombro – mais que 1 $^1/_2$ cabeça.
Peito – 1 $^1/_2$ cabeça.
Cintura – $^3/_4$ da cabeça.
Quadril – medida entre a largura do peito e a largura do ombro.
Pé, de perfil – 1 cabeça.

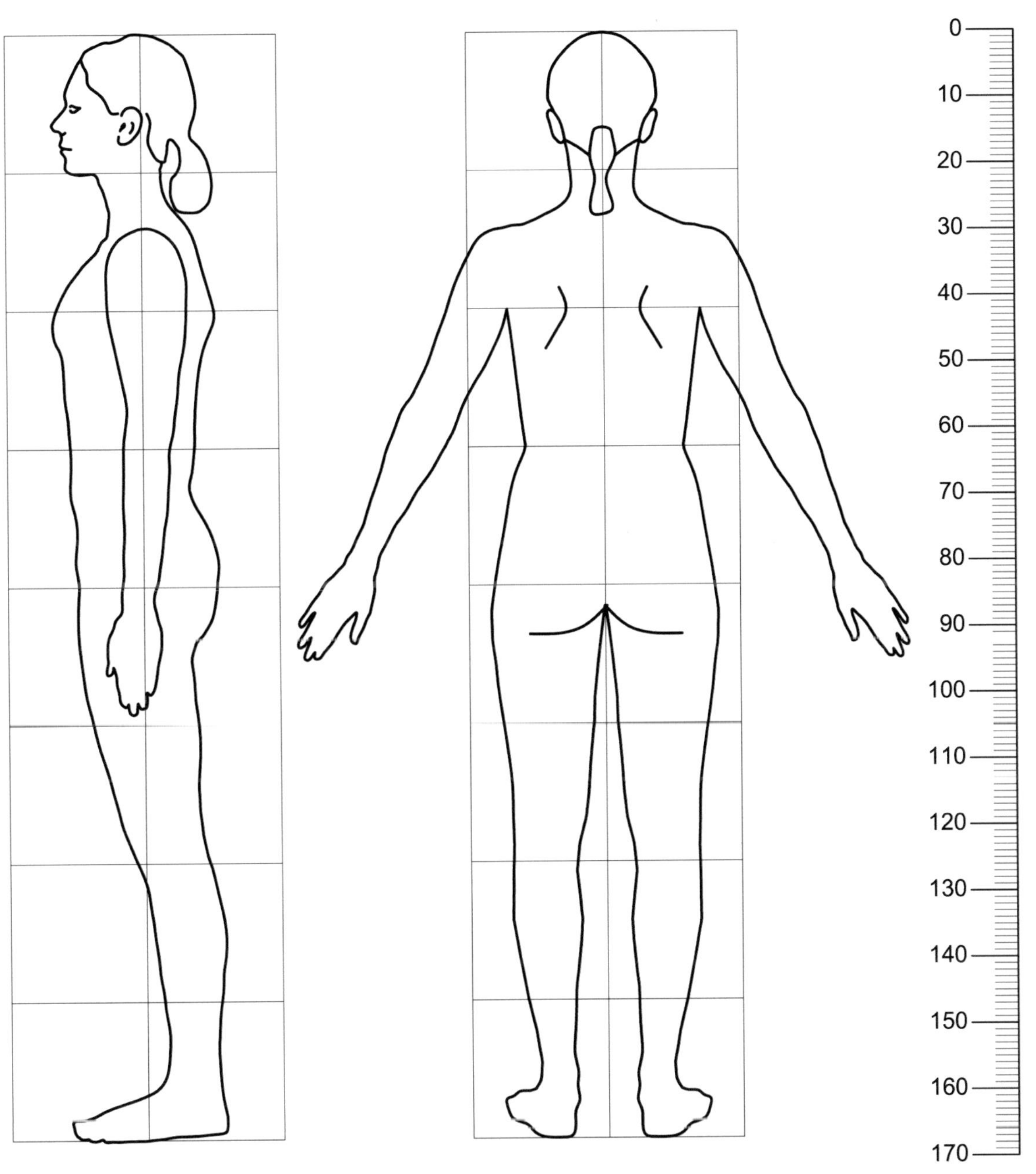
0
10
20
30
40
50
60
70
80
90
100
110
120
130
140
150
160
170

O manequim

Veremos aqui o manequim usado como base na confecção da roupa e o passo a passo da construção do seu desenho sem volume, que é o suporte para o desenho técnico. Foram utilizadas as medidas do manequim desenvolvido pelo Senai-Rio, no tamanho 40. As medidas da base de modelagem são tiradas do livro Modelagem plana feminina, da Editora Senac Nacional, e do método Gil Brandão, editado pelo Jornal do Brasil no ano de 1964.

Na produção do desenho técnico de moda, é importante compreender o manequim como um sólido, constituído por diferentes volumes, que precisará ser interpretado em apenas duas dimensões quando for utilizado como base para a construção da roupa.

Para desenhá-lo, utiliza-se inicialmente a técnica de moulage, que consiste em moldar o manequim por inteiro com tecido e, depois, retirar esse molde como se fosse uma pele.

O próximo passo é fazer os ajustes, de acordo com a tabela de medidas. Com a fita métrica, tomam-se as medidas que, depois, serão projetadas no plano: as alturas são mensuradas de um ponto ao outro, nas linhas centrais da frente e das costas. As larguras são obtidas contornando-se o corpo, saindo de um ponto e voltando a ele.

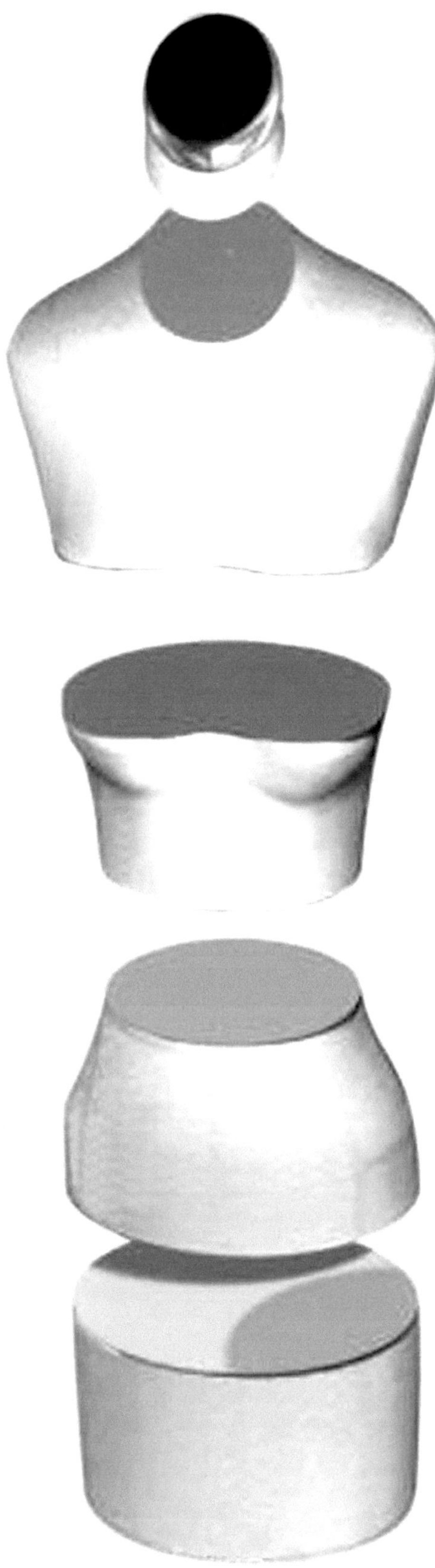

O desenho será trabalhado nos eixos vertical e horizontal, que correspondem, respectivamente, às alturas e às larguras. Frente e costas são apresentadas em um só desenho.

O raciocínio desenvolvido até aqui permite construir qualquer manequim, desde que se obtenham as medidas necessárias.

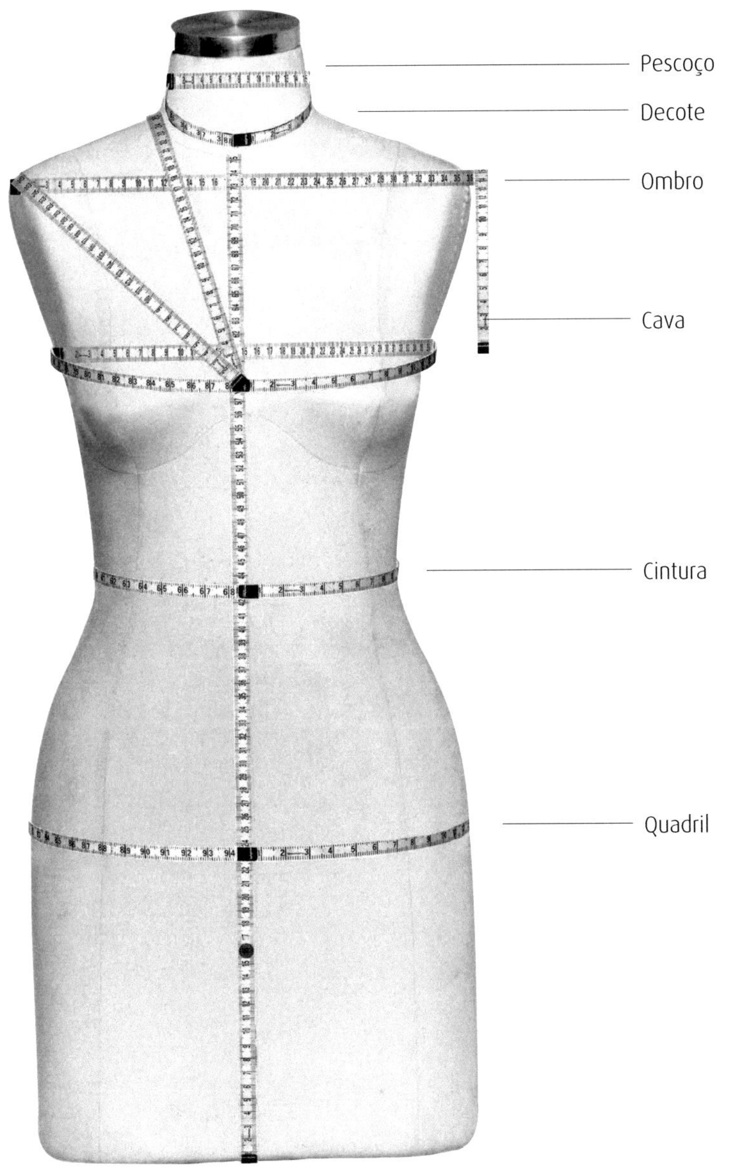
Pescoço
Decote
Ombro
Cava
Cintura
Quadril

Medidas

Larguras

Pescoço, busto, cintura, quadril, tiradas ao redor.

Cava a cava, ombro a ombro, tiradas na frente e nas costas.

Pescoço, tirada ao redor do pescoço, próximo ao seu encontro com o corpo.

Frente do pescoço.

Alturas

Altura total do manequim.

Do pescoço ao peito.

Do pescoço à cintura.

Da cintura ao quadril.

Da cintura ao gancho.

Diagonais

Do centro do busto ao pé do pescoço.

Do centro do busto ao final do ombro.

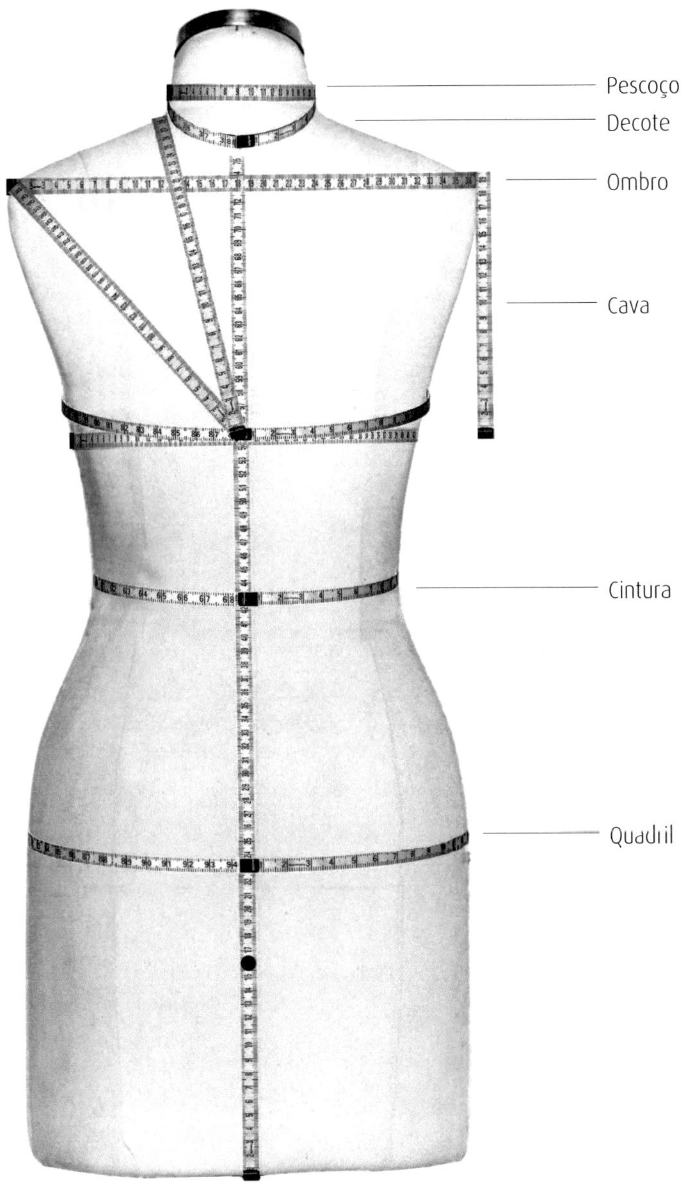
Pescoço
Decote
Ombro
Cava
Cintura
Quadril

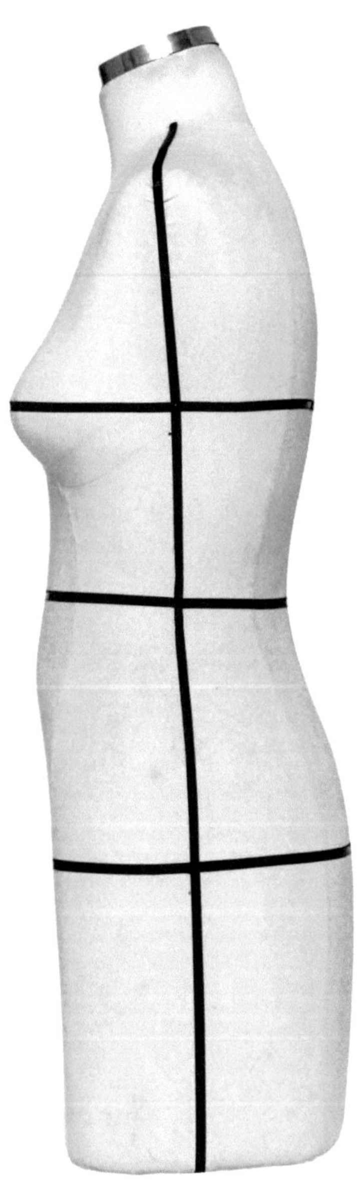

A visão lateral da silhueta do manequim permite definir os volumes do corpo, o que na visão de frente e costas não é possível. No desenho técnico da lateral é necessário mostrar sua silhueta, que é definida no corte de 1/4 do manequim.

O manequim passo a passo

Para desenhar o manequim serão necessários: papel, fita métrica, lapiseira ou lápis, um par de esquadros, régua ou escalímetro, compasso, curva francesa e fita adesiva.

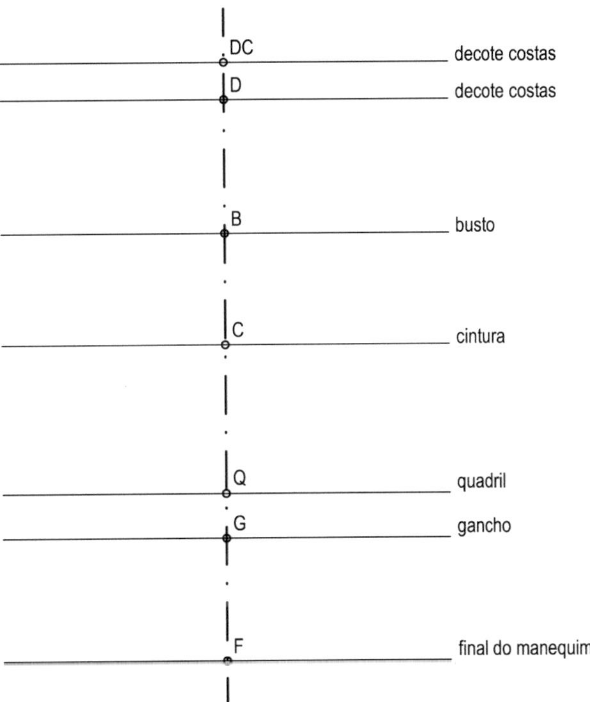

Alturas

Traçar uma linha vertical, eixo central do desenho.

Determinar um ponto no alto da linha, ponto do decote **D**.

Descer as medidas:

De **D** até o final do manequim – 75,5 cm **F**.

De **D** ao busto – 18 cm **B**.

De **D** à cintura – 33 cm **C**.

De **C** ao quadril – 20 cm **Q**.

De **C** ao gancho – 26 cm **G**.

Subir do ponto **F**.

De **F** ao decote das costas – 81 cm **DC**.

Traçar linhas horizontais auxiliares passando pelos pontos definidos. Para localizar as alturas do pescoço e do ombro, é preciso conhecer suas larguras.

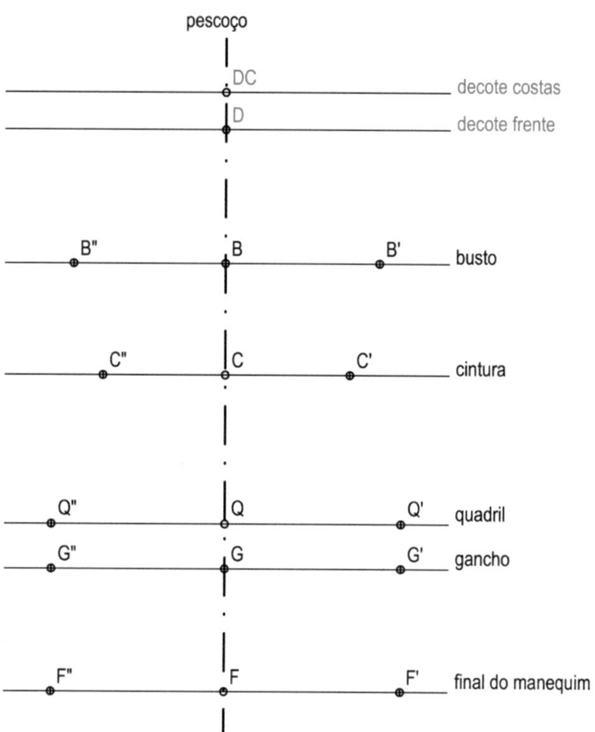

Larguras

Projetar a partir dos pontos marcados no eixo central as medidas correspondentes à metade para cada lado.

B = 44 – 2 (volume do peito) = 21 cm para cada lado: **B′**, **B″**.

C = 34 = 17 cm para cada lado: **C′**, **C″**.

Q = 48 = 24 cm para cada lado: **Q′**, **Q″**.

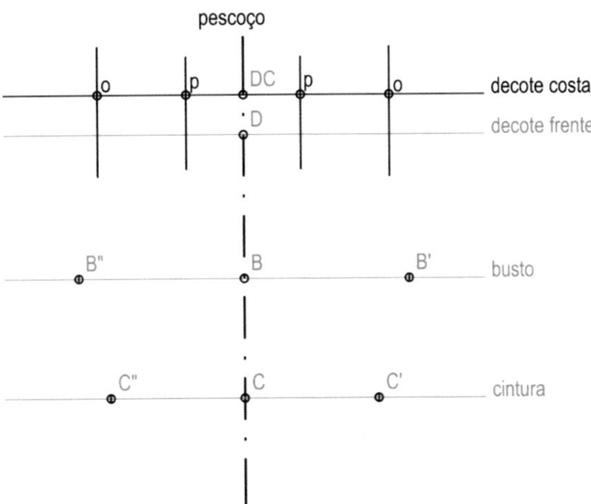

Larguras do pescoço e do ombro

Projetar pontos auxiliares na linha do decote das costas (**o**, **p**).

o = ombro a ombro = 36 cm frente, 38 cm costas

média = 37 cm = 18,5 cm para cada lado

p = pescoço = 7,25 cm para cada lado (para achar a largura do pescoço, não se pode dividir o contorno do decote, pois sua medida é tirada com inclinação. Utiliza-se a medida da largura da abertura do decote da base construída)

Puxar linhas auxiliares verticais desses pontos.

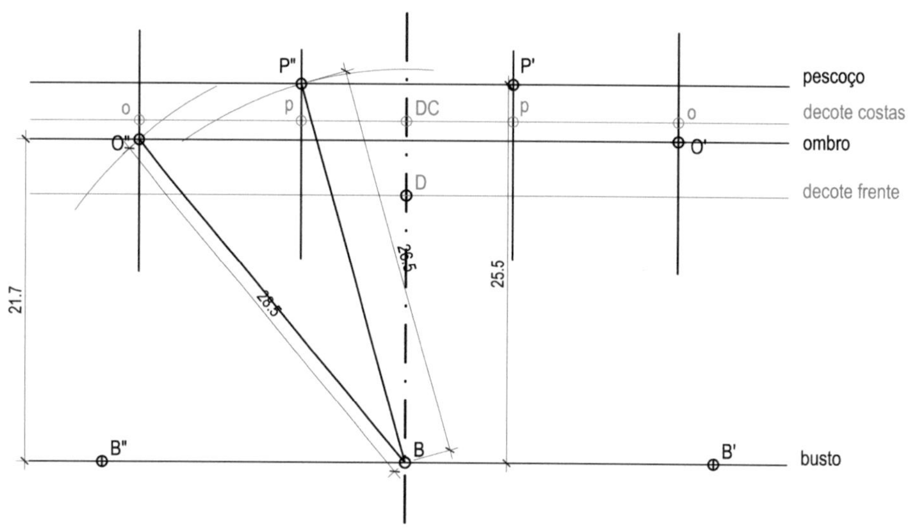

Alturas do pescoço e do ombro

Para achar as alturas do pescoço e do ombro utiliza-se a medida da diagonal que sai do centro do busto ponto **B** até os pontos **o** e **p**. No manequim, essa medida é tomada na frente e nas costas. Aqui, utilizamos a média:

Frente	Costas
BO = 26,5 cm	**BO** = 30 cm
BP = 25 cm	**BP** = 28 cm

Com a ponta seca do compasso em **B**, traçar um arco com 26,5 cm.

Marcar o ponto em que o arco cruza a linha vertical que passa por **p**, **P′**.

Proceder da mesma forma do outro lado do eixo; marcar o ponto **P″**.

Com a ponta seca do compasso em **B**, traçar um arco com 28,5 cm.

Marcar o ponto em que o arco cruza a linha vertical que passa por **o**, **O′**.

Proceder da mesma forma do outro lado do eixo; marcar o ponto **O″**.

Ligar **P′** a **O′**.

Ligar **P″** a **O″**.

Caso não seja usado o compasso, levante uma diagonal com 28,5 cm saindo de **B** e cruzando a linha que passa por **O**, para determinar o ponto **O′**. Trace uma diagonal com 26,5 cm, cruzando a linha que passa por **p**, para determinar **P′**.

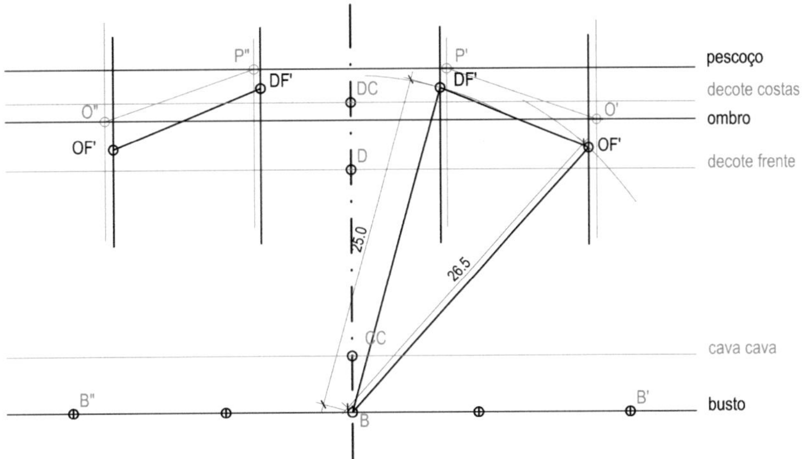

Marcação da linha de costura do ombro

A partir do eixo central, traçar duas linhas auxiliares verticais a 6,75 cm e a 18 cm, que correspondem às medidas de abertura de pescoço e de ombro a ombro na base da frente.

Com a ponta seca do compasso em **B**, traçar um arco com 25 cm.

Marcar o ponto em que o arco cruza a linha vertical **DF** (decote frente).

Proceder da mesma forma do outro lado do eixo; marcar o ponto **DF'**.

Com a ponta seca do compasso em **B**, traçar um arco com 26,5 cm.

Marcar o ponto em que o arco cruza a linha vertical **OF** (ombro frente).

Proceder da mesma forma do outro lado do eixo; marcar o ponto **OF'**.

Ligar **OF** a **DF**; proceder da mesma forma do outro lado.

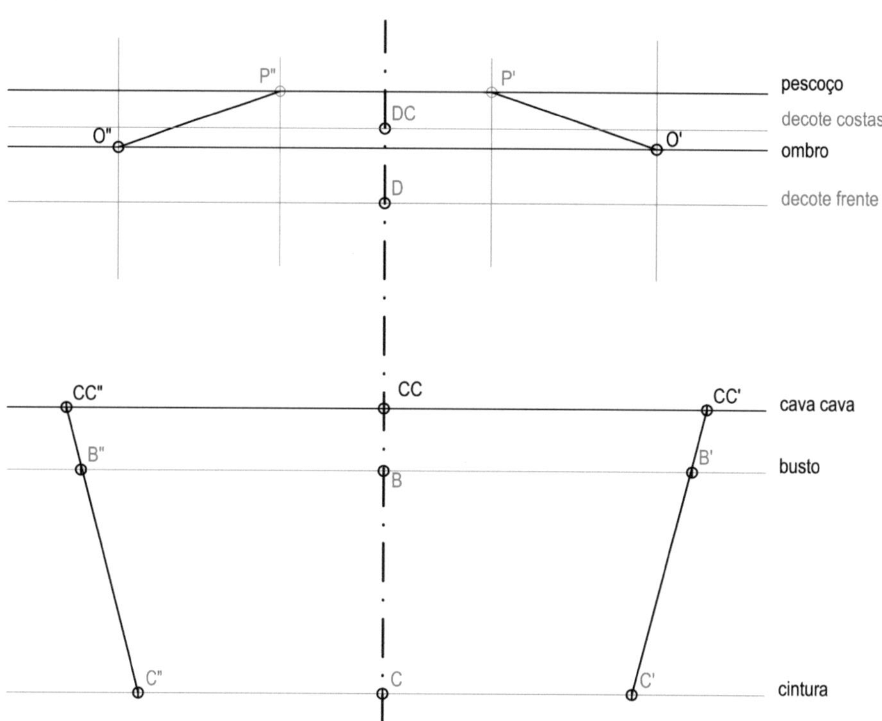

Altura das cavas

Ombro – cava frente = 15,4 cm.

Ombro – cava costas = 19,6 cm média = 17,5 cm.

Descer da linha auxiliar do ombro no eixo central – 17,5 cm; marcar ponto **CC**.

Largura das cavas

Traçar uma linha passando por **CC**.

Cava a cava frente = 46 cm.

Cava a cava costas = 42 cm média = 44 cm.

Do ponto **CC** marcar 22 cm para cada lado.

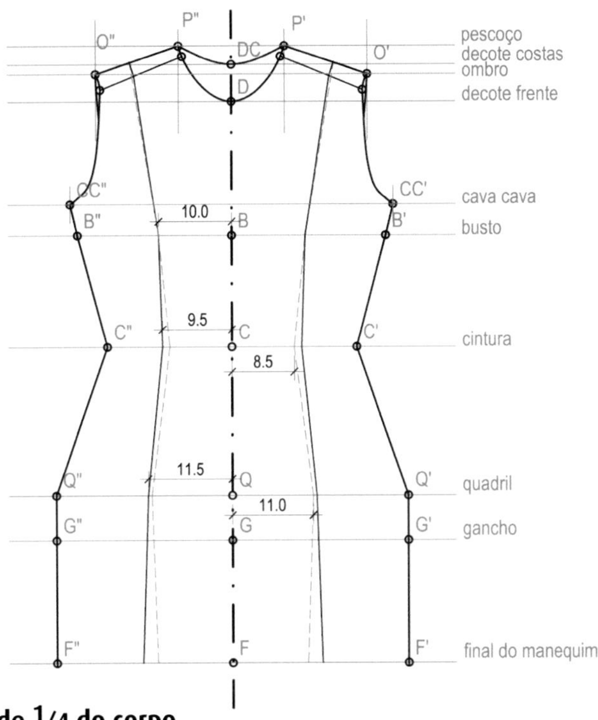

Marcação das linhas de 1/4 do corpo

Frente	Costas
Do ponto **P″** 7,5 cm	Do ponto **P′** 7,5 cm
Do ponto **B** 10 cm	Do ponto **B** 10 cm
Do ponto **C** 9,5 cm	Do ponto **C** 8,5 cm
Do ponto **Q** 11,5 cm	Do ponto **Q** 11 cm

Ligar todos os pontos usando uma linha contínua para os pontos da frente e uma linha tracejada para os pontos das costas.

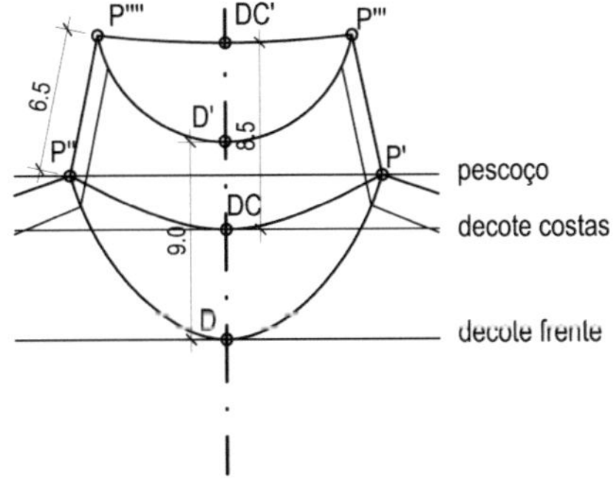

Desenho do pescoço

Construir a zona de altura do pescoço usando as medidas verticais a partir das curvas de decote, nas linhas de centro/frente com 9 cm; centro/costas com 8,5 cm; e lateral inclinada com 6,5 cm. Traçar a continuação da linha de costura do ombro até o alto do pescoço, com inclinaçao paralela à da linha lateral **P′/P‴**.
Fechar toda a curvatura do alto do pescoço unindo os pontos.

Desenho do braço

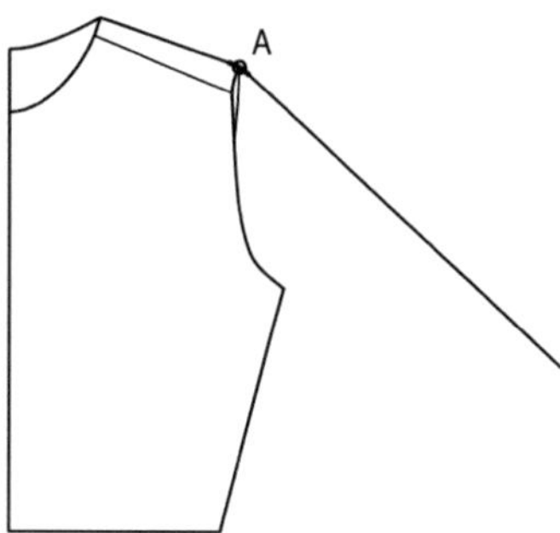

Traçar uma diagonal de 60 cm saindo do ombro baixo, ponto **A**, com uma inclinação de aproximadamente 45 graus.

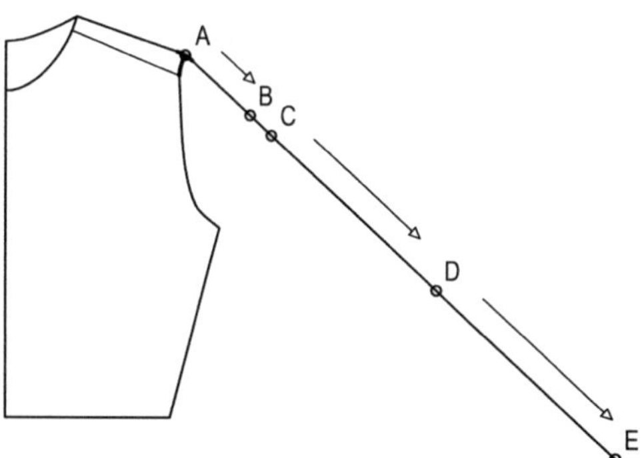

Ligar a partir do ponto **A**, topo da manga, na diagonal, os pontos **B**, ponto da linha da cava; **C**, da cabeça da manga; **D**, do cotovelo; e **E**, do punho.

AB – ponto da linha da cava – 9 cm.

AC – Base da cabeça da manga – 12 cm.

AD – cotovelo – 35 cm.

AE – punho – 60 cm.

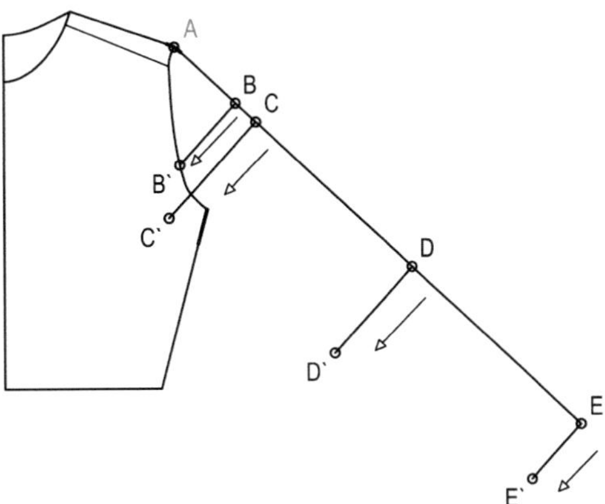

Traçar, a partir de cada ponto, perpendiculares com as larguras do pulso, cotovelo, cabeça da manga e ponto da linha da cava.

Essas medidas são circulares, portanto são projetadas divididas ao meio:

BB' – ponto da linha da cava – 9,5 cm.

CC' – base da cabeça da manga – 14 cm.

DD' – cotovelo – 12,5 cm.

EE' – punho – 8 cm.

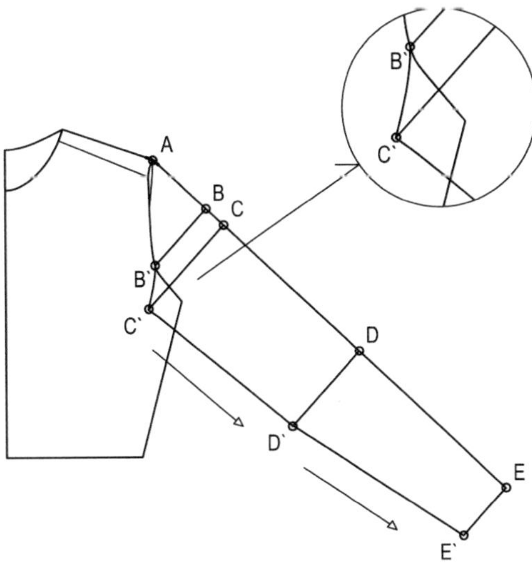

Ligar os pontos **C'D'** e **D'E'**. O ponto **B'** é o ponto a partir do qual finaliza-se o desenho da linha da cava da manga.

Desenho das pernas

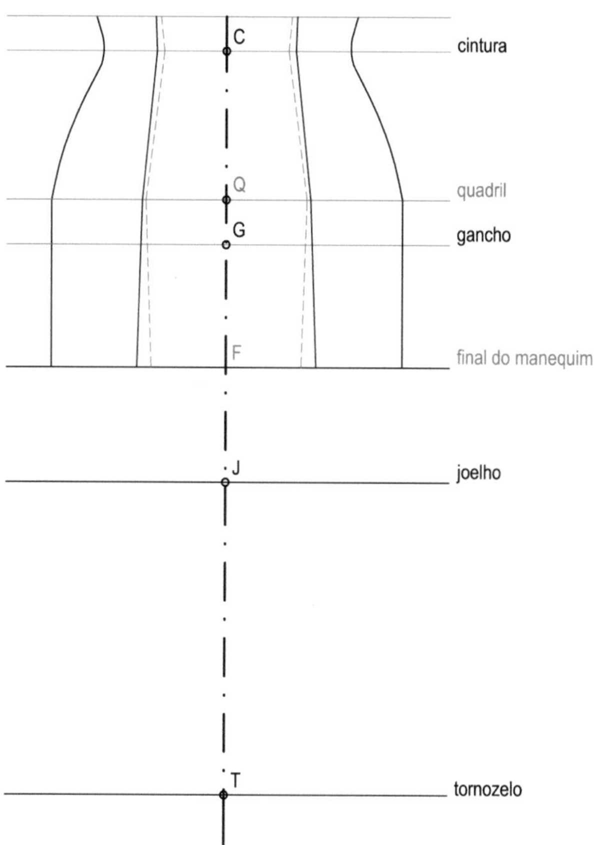

Para traçar as pernas do manequim utilizam-se as medidas da tabela.

G – altura do gancho – 26 cm.

T – altura do tornozelo – 100 cm.

J – altura de joelho – 58 cm.

Descer as medidas:

De **C** até o gancho – 26 cm **G**.

De **C** até o joelho – 58 cm **J**.

De **C** até o tornozelo – 100 cm **T**.

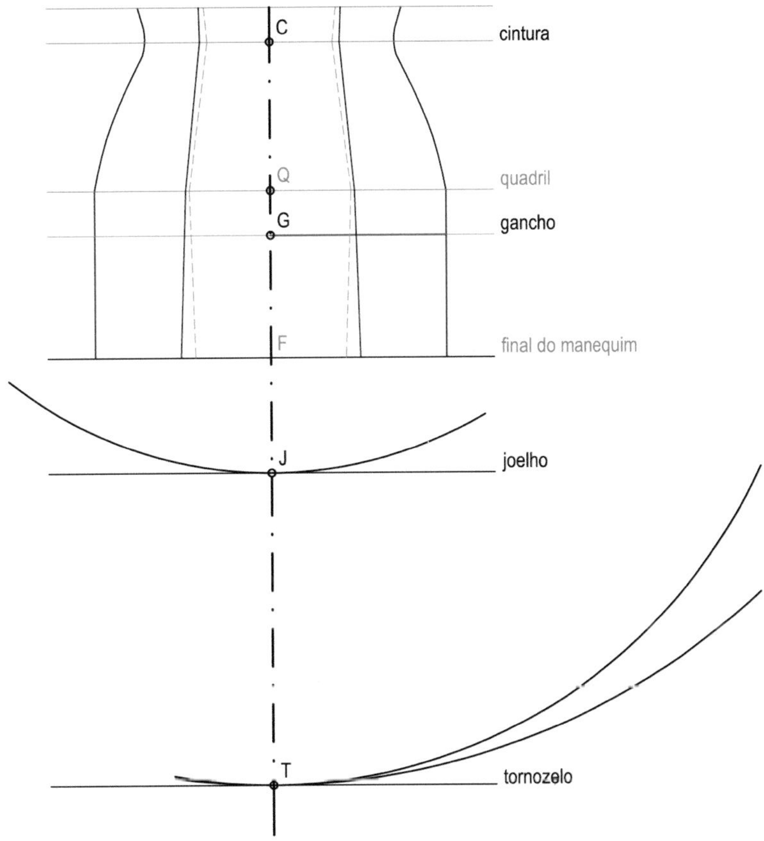

Da cintura, ponto **C**, traçar um arco, passando pelo ponto **J**.

Da cintura, ponto **C**, traçar um arco passando pelo ponto **T**.

Do gancho, ponto **G**, traçar um arco passando pelo ponto **T**.

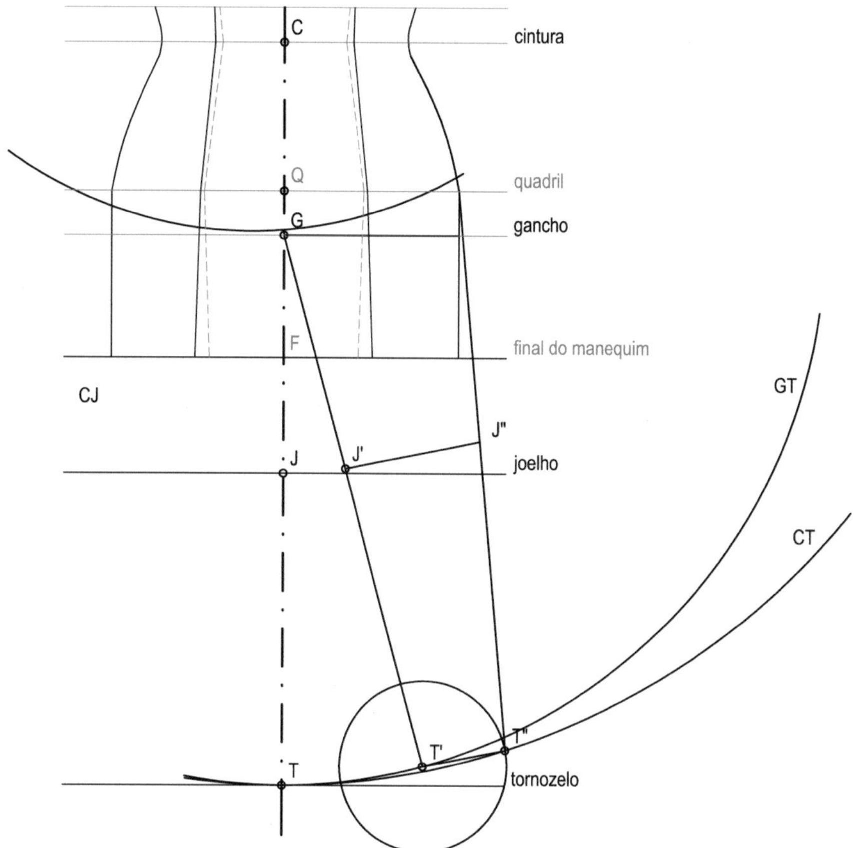

A abertura da perna deve apresentar um ângulo de 45 graus. Para traçá-lo, deve-se projetar uma medida na linha do joelho de aproximadamente 8,5 cm; achar **J′**; ligar ao ponto **G**.

Prolongar a linha até o arco **GT** para encontrar o ponto **T′**.

Para achar a largura do tornozelo, traçar a partir do ponto **T′** um círculo com 11,5 cm de raio. O ponto onde o círculo cruzar **CT** é o ponto **T′′**.

Marcar o ponto **T′′** e ligar ao ponto **T′**.

Subir o ponto **T′′** até a linha do quadril. Proceder da mesma maneira do outro lado.

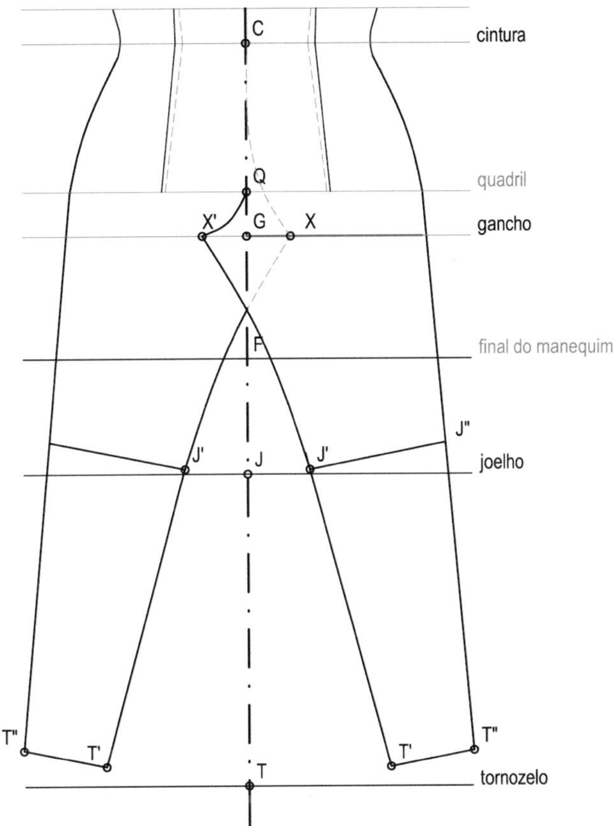

Para traçar o gancho, projetar aproximadamente 6 cm do ponto **G** para o lado direito e marcar o ponto **X**.

Subir do ponto **X** uma curva até o ponto **Q**.

No desenho da calça essa medida pode ser menor, se o tecido tiver elasticidade, ou maior, dependendo do modelo.

Descer uma linha de **X** até **J'** em curva; ligar **J'** ao ponto **T**.

Para traçar o gancho correspondente às costas, projetar a mesma medida usada para o gancho da frente, partindo do meio para o lado esquerdo. Marcar o ponto **X'**.

Ligar em curva **X** ao ponto **C**.

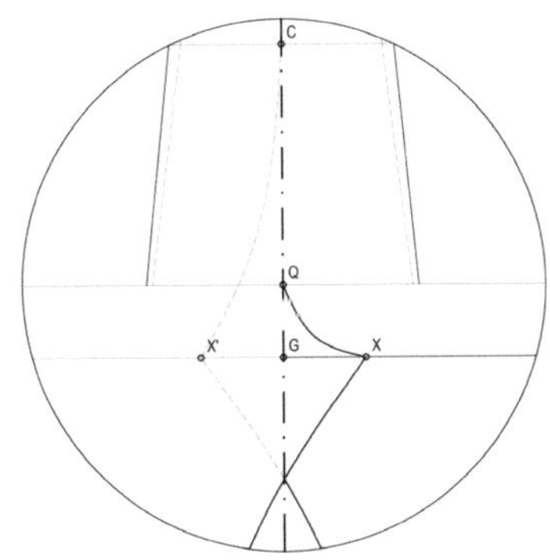

Quando esticada no plano, a calça apresenta uma superposição de tecidos que corresponde ao gancho, na região do encontro das pernas com o corpo.

Para desenhar no plano, dobra-se a sobra de tecido sobre o corpo da calça

Os volumes da frente e das costas, nessa região do corpo, são muito diferentes. As dobras ocorrem nas duas faces, frente e costas.

Desenho final do manequim completo

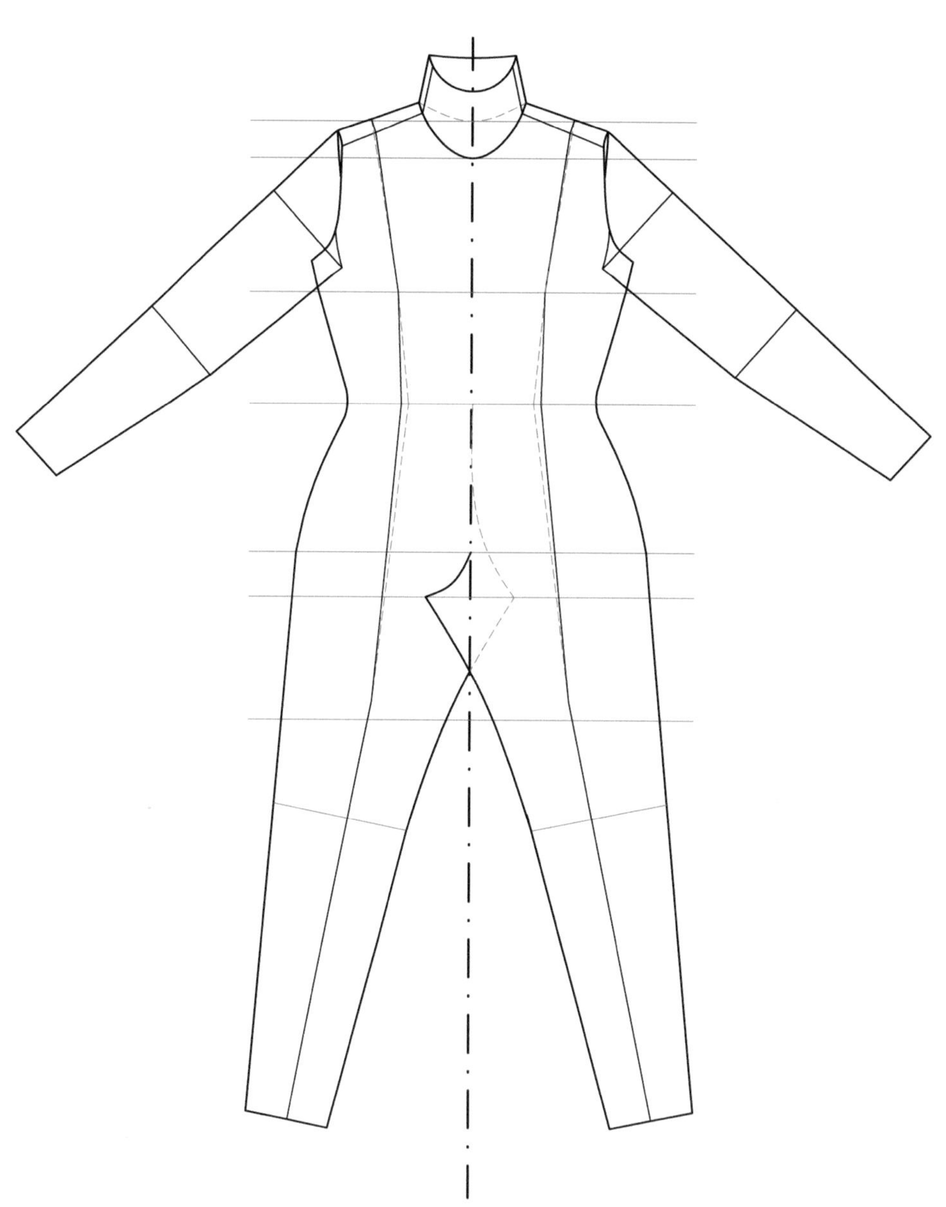

Desenho da lateral

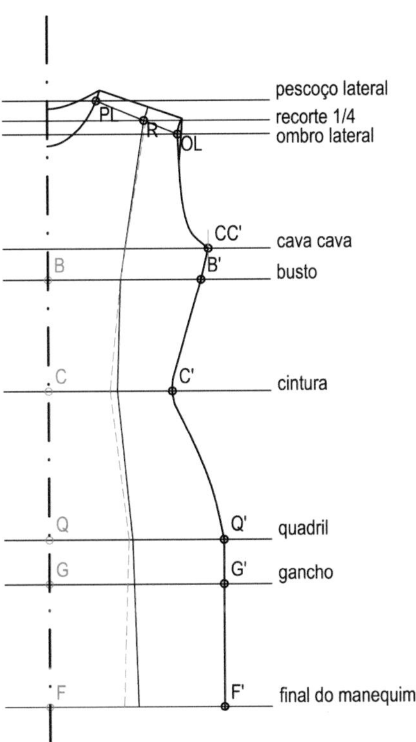

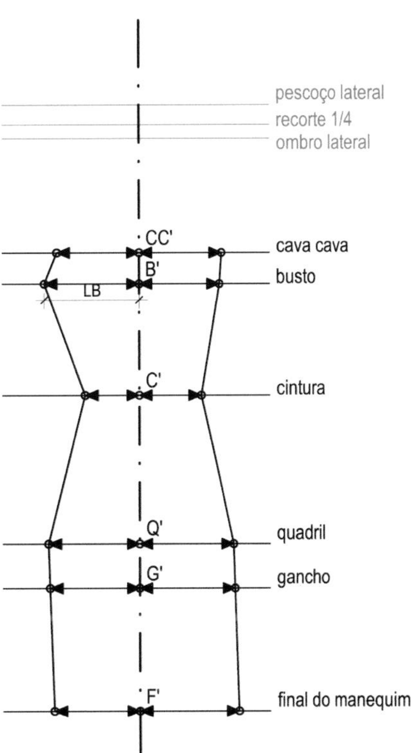

A partir do desenho da base do manequim frente/costas projetar, num eixo central, os pontos de altura. A linha do ombro será a costura de união das faces frente e costas, onde se encontram os pontos **PL** (pescoço), **R** (recorte de 1/4) e **OL** (ombro na região da cava).

No recorte de 1/4 da largura do manequim, projetar as larguras da frente e das costas correspondentes nas larguras de cava, busto, cintura, quadril, gancho e final do manequim. Considerar o aumento de 2 cm na largura do busto à frente para distribuir corretamente seu volume.

Observe que no recorte de 1/4 as linhas de frente e costas não coincidem.

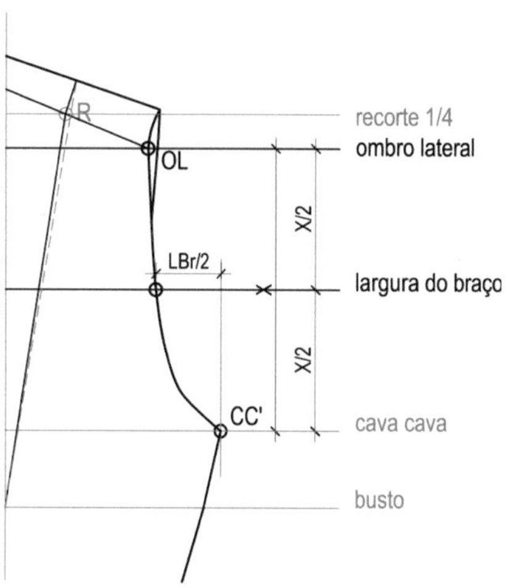

Na região da cava, projetar a largura do braço na linha da metade da altura entre o ombro e a base da cava – **OL/CC'**.

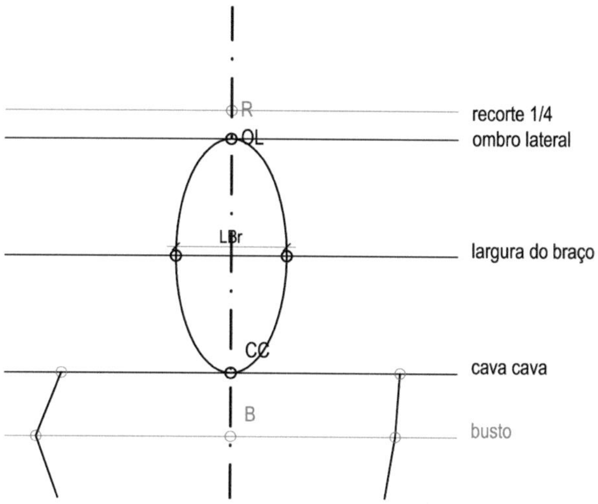

Traçar a curvatura da cava.

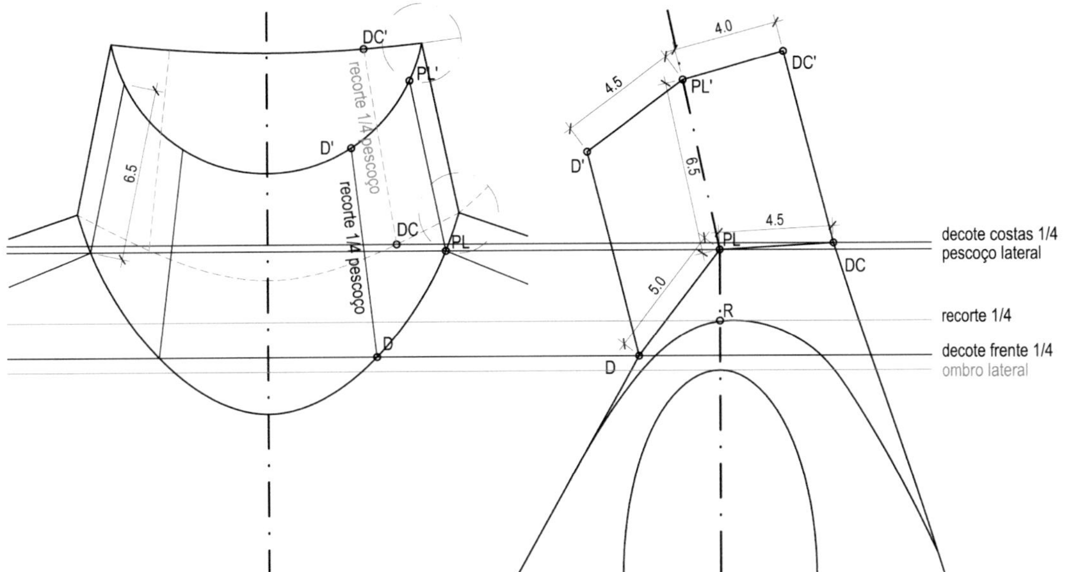

Criar o recorte de 1/4 do pescoço na frente e nas costas – **D/D'** e **DC/DC'**. Esse recorte determina as larguras do desenho do pescoço na base lateral.

Projetar no eixo central do desenho da base lateral a medida de altura do pescoço, tomando uma inclinação que é natural da fotografia do manequim lateral (**PL**/ **PL'**).

Projetar a largura de 1/4 da frente do pescoço – 5cm – partindo do ponto do eixo central (**PL**) até o encontro com a linha de altura do decote (**D**).

Proceder da mesma forma para ligar **PL** – **DC** na largura de 1/4 nas costas – 4,5 cm.

A partir do ponto D, projetar a altura do pescoço/frente até seu encontro com a medida de 1/4 da largura no alto do pescoço – 4,5 cm – traçando **D/D'**.

Procedendo do mesmo modo nas costas, traçar **DC/DC'** até seu encontro com a medida de 1/4 da largura no alto do pescoço.

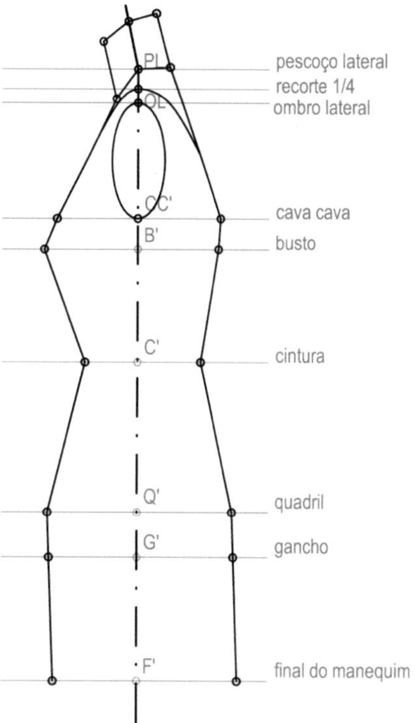

Ligar os pontos da silhueta.

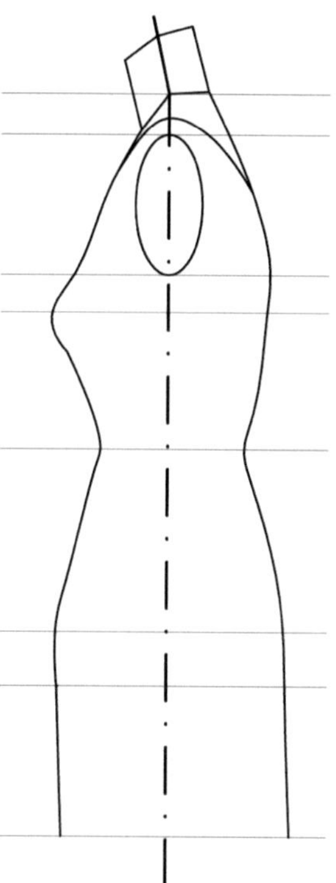

Suavizar as linhas de encontro.

Desenho dos braços na lateral

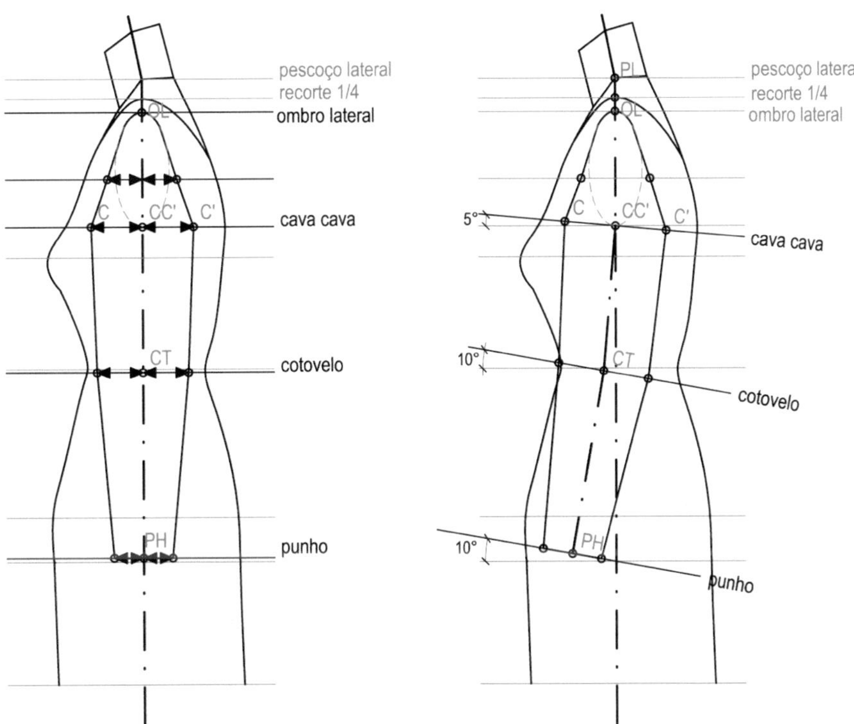

Partindo do desenho da cava construída, projetar o comprimento do braço até o punho no eixo central. Projetar na altura da base da cava a metade da largura do braço e, na altura do cotovelo, a metade de sua largura e também a metade da largura do punho.

O braço visto de lateral possui um comportamento de inclinação à frente. Definir uma inclinação a partir da linha da base da cava, indo até o cotovelo. Depois, definir outra inclinação do cotovelo até o punho.

Desenho das pernas na lateral

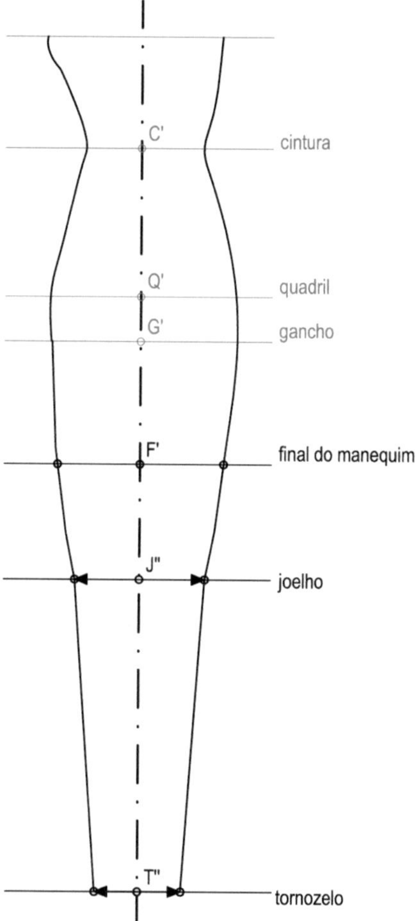

Projetar a metade da largura da coxa, do joelho e do tornozelo nos pontos de altura correspondentes e ligar, traçando a silhueta. Suavizar as linhas de encontro.

Desenho final do manequim lateral sem e com braço

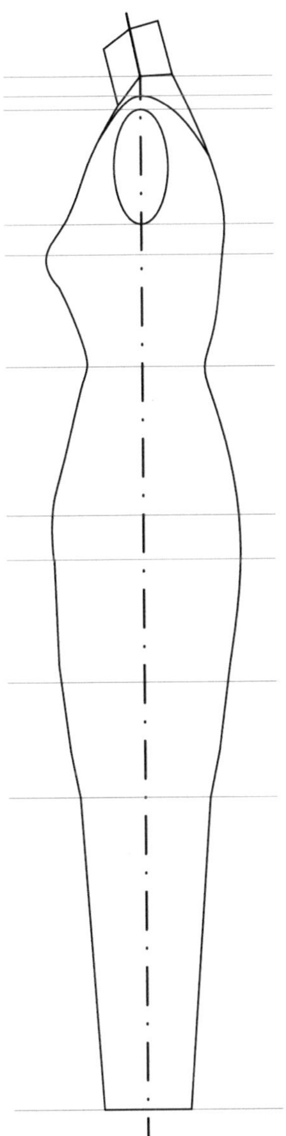

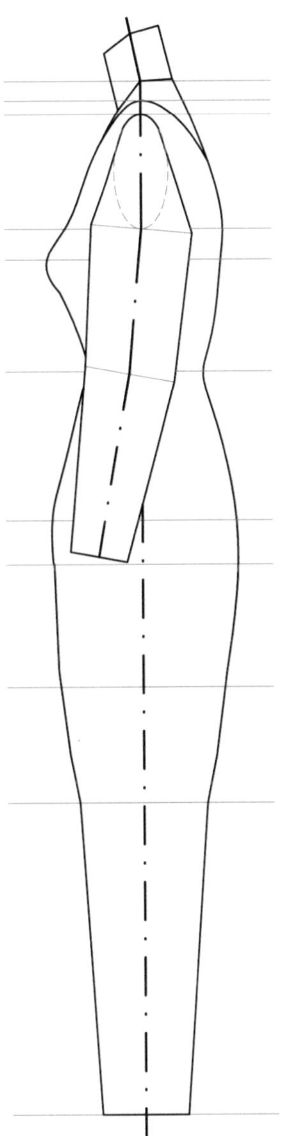

A estrutura da roupa

Nesta etapa, veremos como a roupa é estruturada, a partir de uma base plana – o tecido, que é modelado em partes e, depois, montado por meio de costuras. Analisaremos a roupa como um objeto constituído por recursos de corte e costura, responsáveis pela sua silhueta.

Regiões do corpo

Cortes, recortes, pences, variações de amplitude e de limites são recursos que definem a estrutura e a silhueta da roupa. Quando combinados, esses recursos possibilitam a criação de uma infinidade de modelos. Na construção da roupa feminina, esses recursos ocorrem principalmente em quatro regiões do tronco:

1 REGIÃO DA CAVA Situada acima da linha da cava, contém os traçados do decote, do ombro e da cava.

2 REGIÃO DO BUSTO Situada entre a linha da cava e uma linha abaixo do busto, pode conter as pences ou os recortes modeladores do busto.

3 REGIÃO DA CINTURA Situada abaixo da região do busto, contém a pence modeladora da cintura, que pode se encontrar com a pence modeladora do busto.

4 REGIÃO DO QUADRIL Situada abaixo da cintura, descendo em direção à coxa. É a região mais larga do corpo, onde se localiza a altura do gancho para construção da calça.

Linhas de recortes e limites de blusas e vestidos

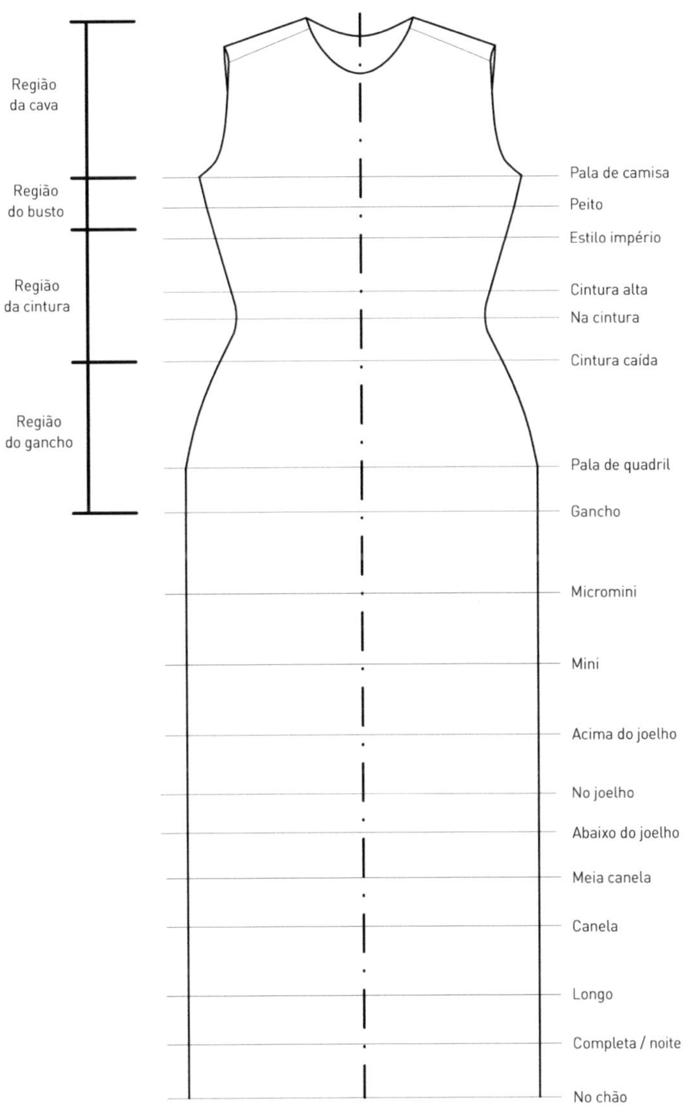

Linhas de recortes e limites de mangas e calças

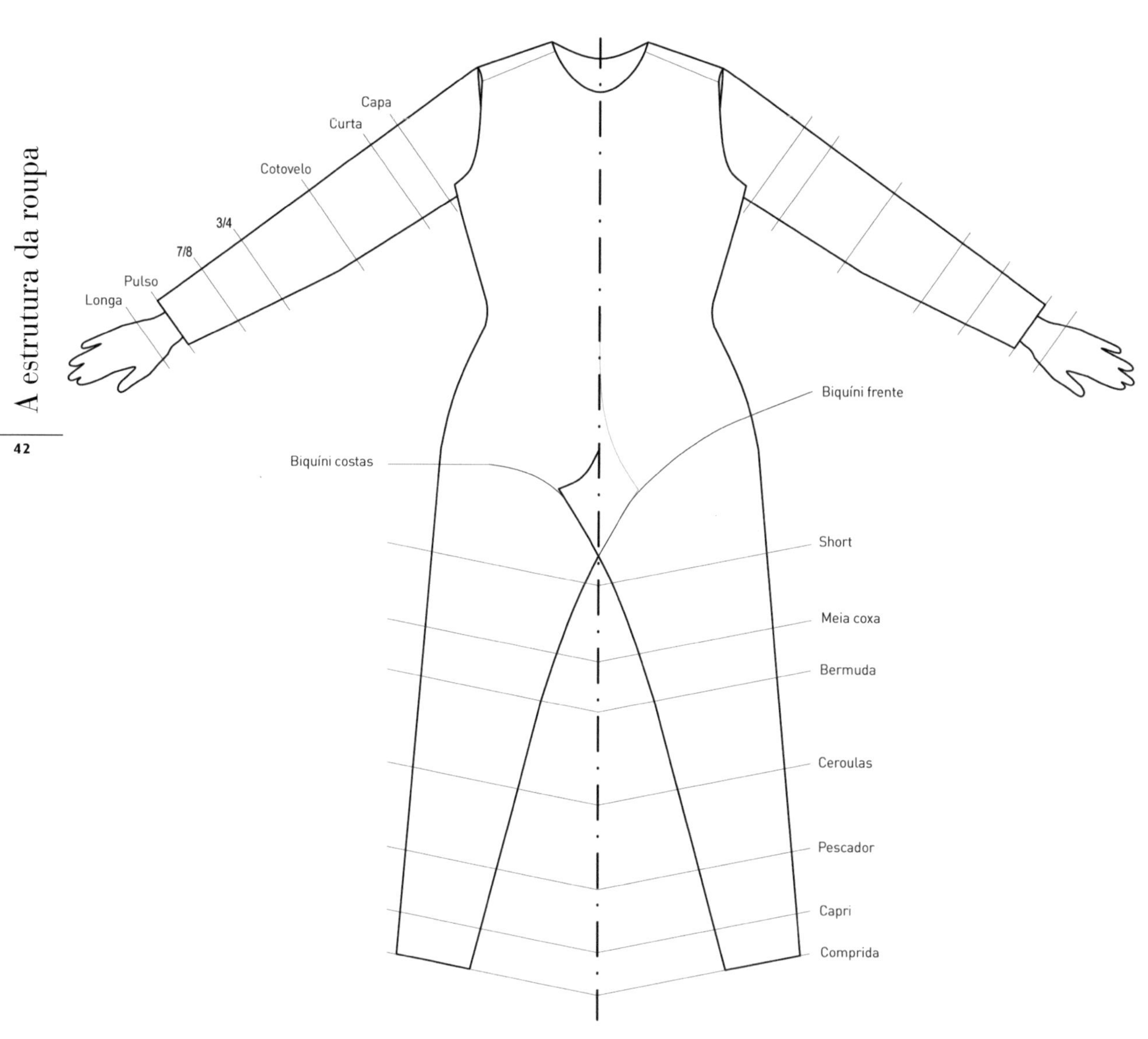

Silhuetas

A forma que a roupa apresenta, como resultado de seu contorno total, é a sua silhueta. Veja, a seguir, o desenho de sete silhuetas básicas e observe como os recursos de corte e costura ajudam a criar variadas silhuetas para vestidos.

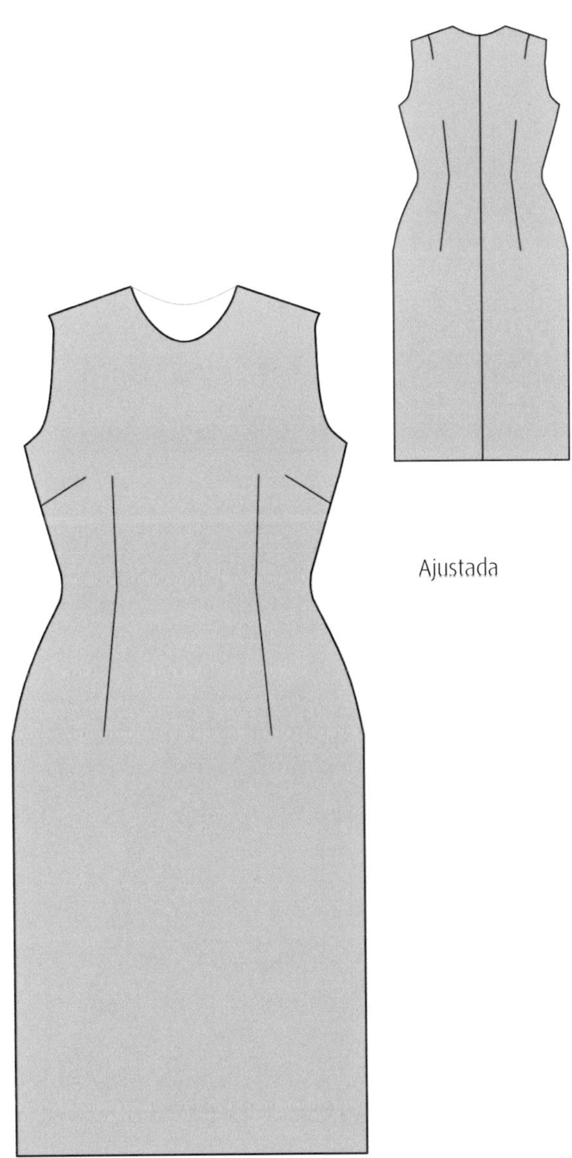

Ajustada

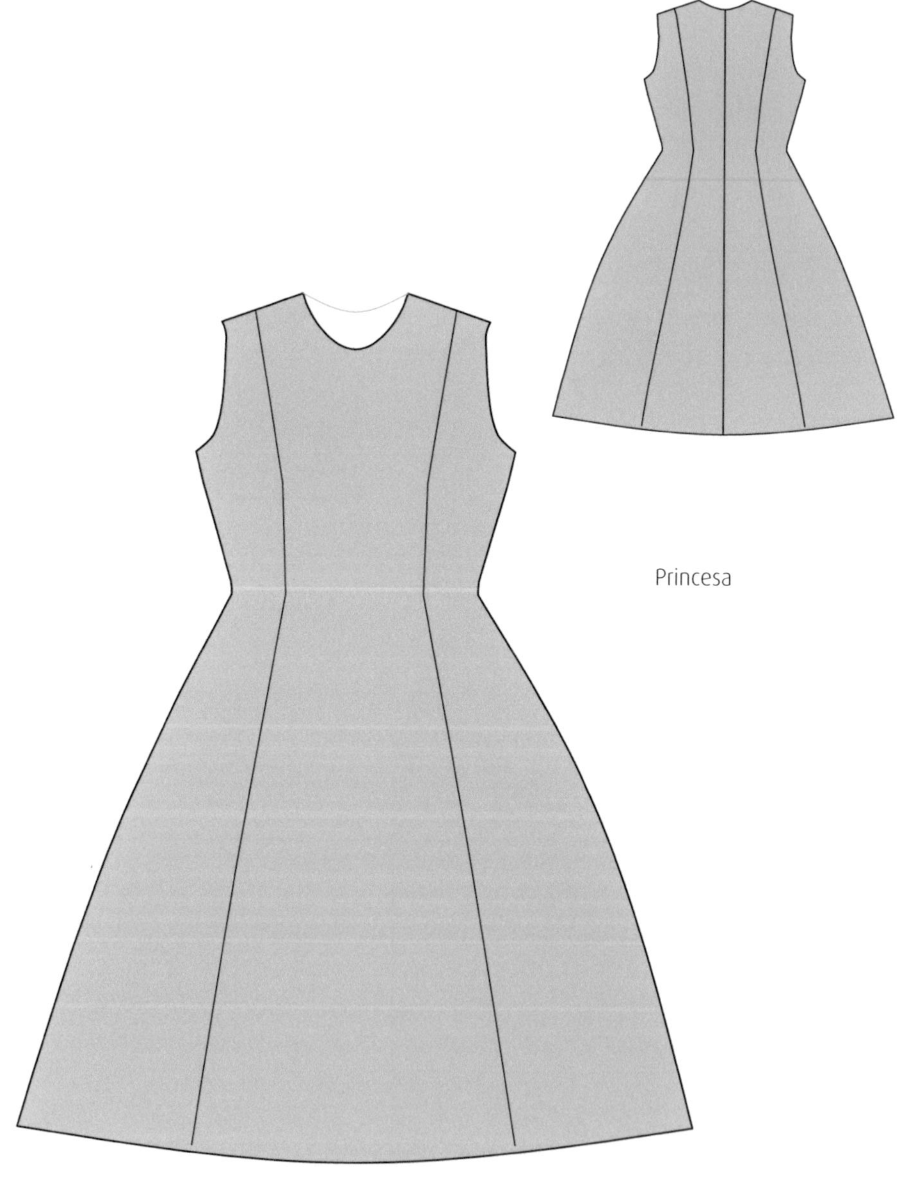

Princesa

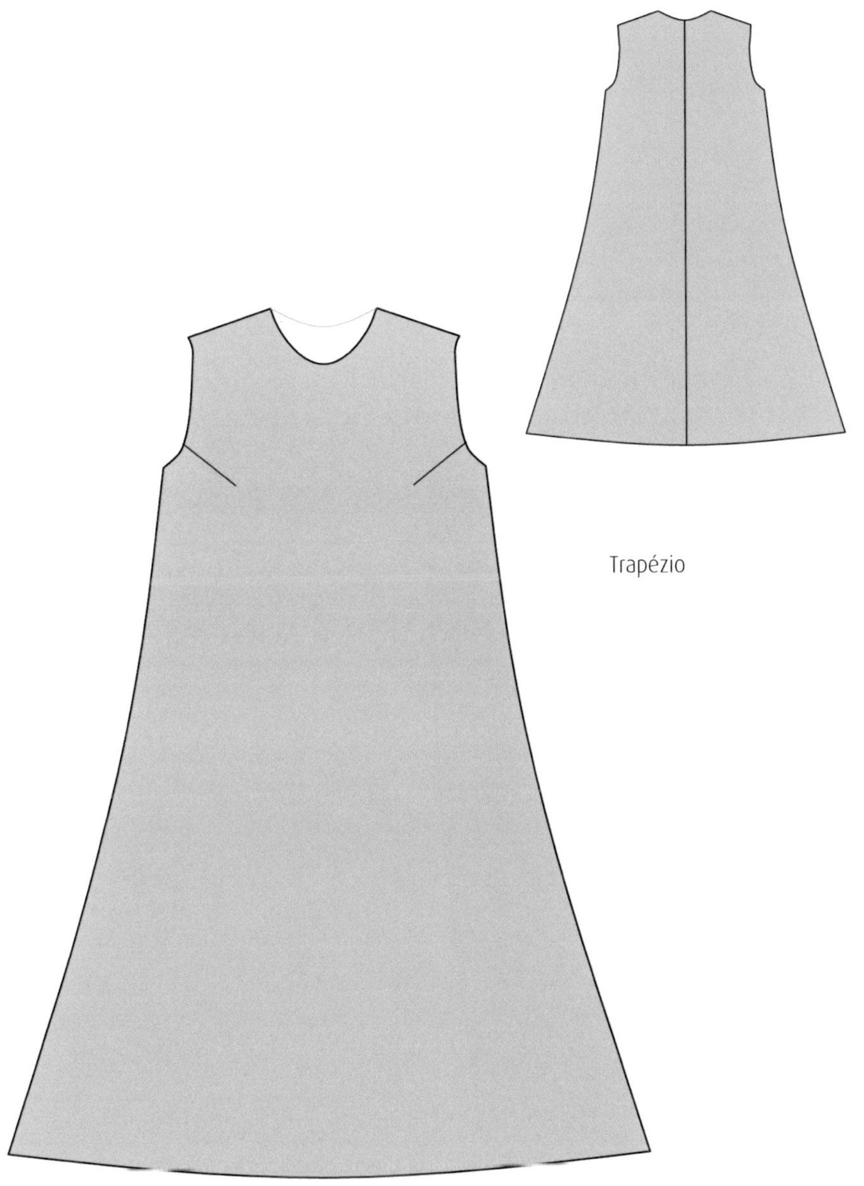

Trapézio

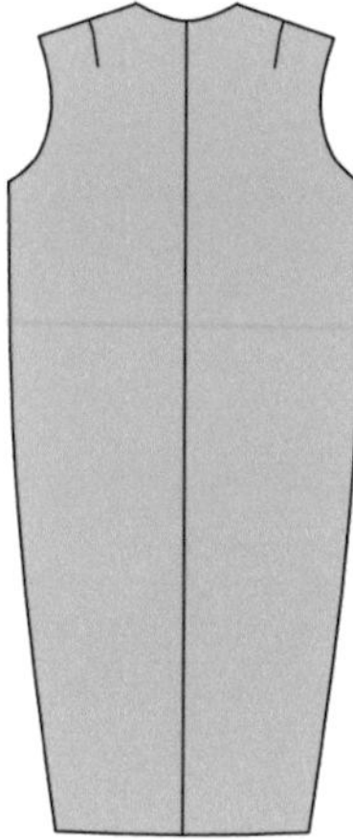

Trapézio invertido

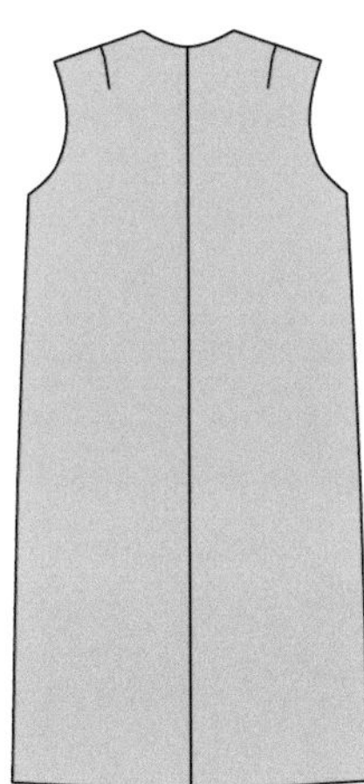

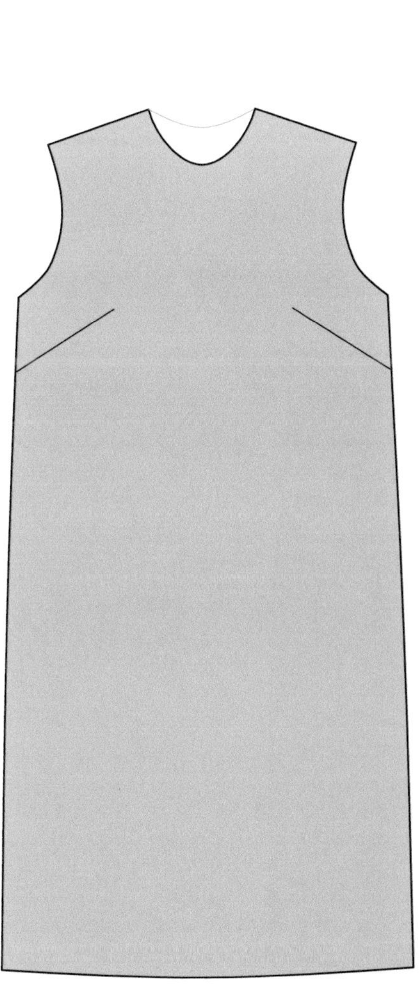

Retangular

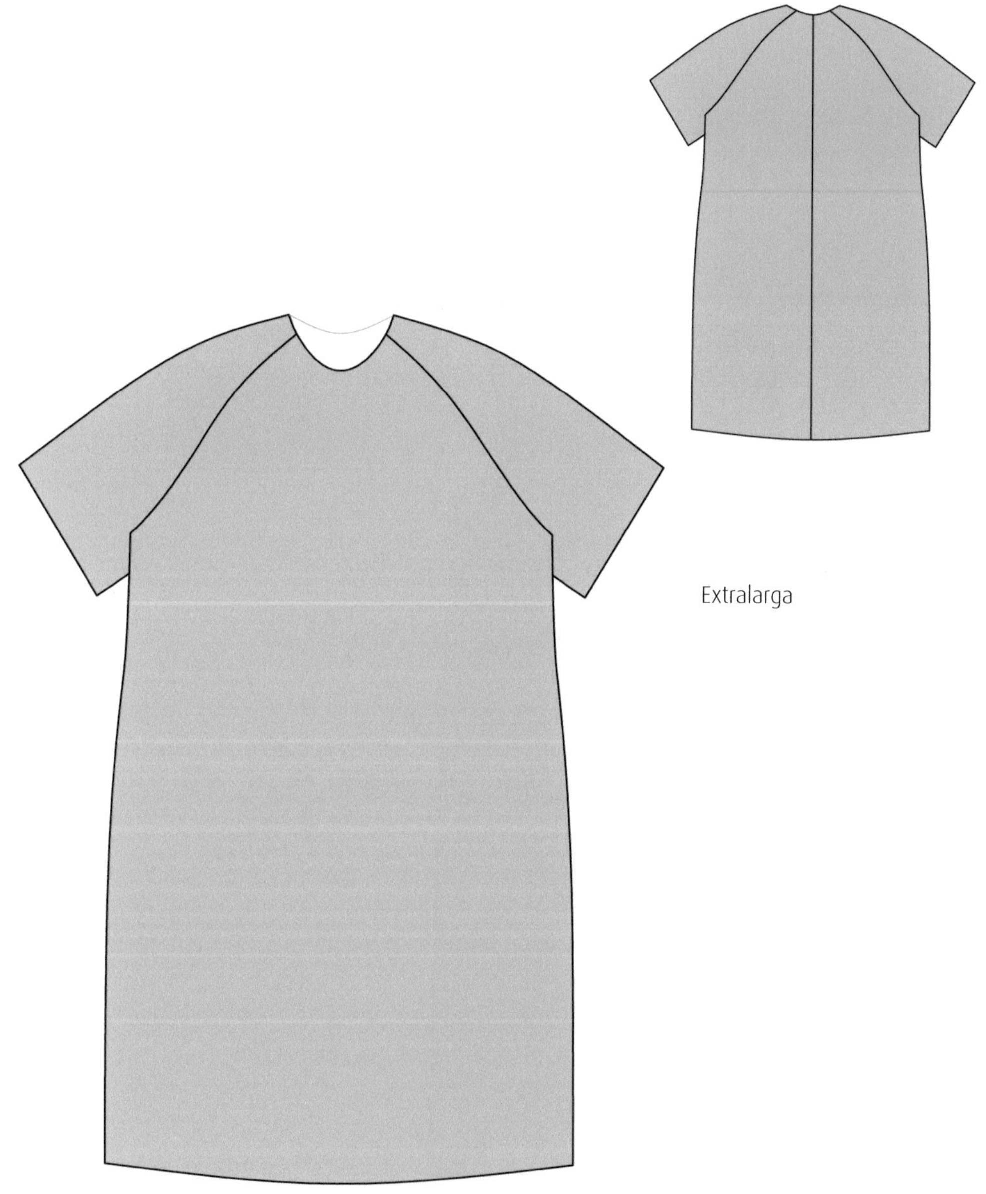

Extralarga

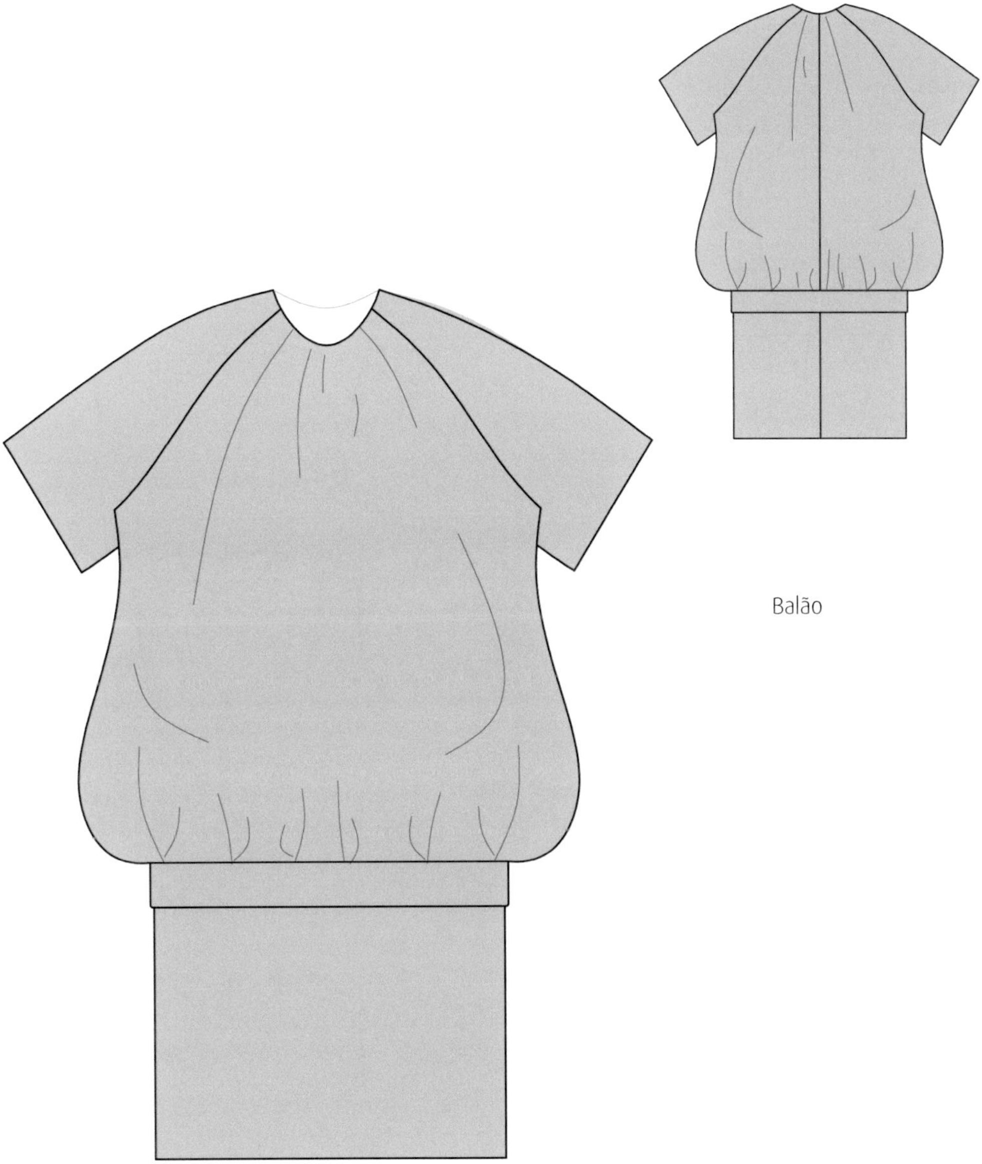

Balão

Pences e recortes da blusa

As pences são dobras costuradas no verso do tecido com a função de diminuir a largura da vestimenta para ajustá-la ao corpo. Nas blusas, são recursos para modelar os seios. Todas as pences partem de um ponto e convergem em direção ao ápice do busto. Podem se transformar em recortes, quando se encontram e formam uma linha contínua.

Pences

1 – Vertical clássica

2 – Horizontal clássica

3 – Oblíqua saindo da cava

4 – Vertical saindo do ombro

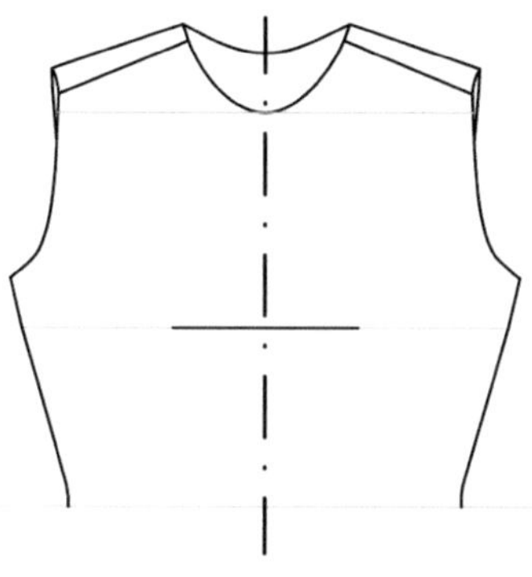

5 – Central horizontal

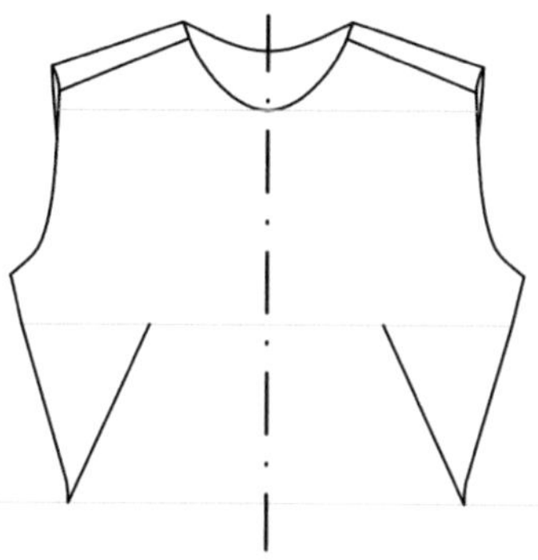

6 – Em V

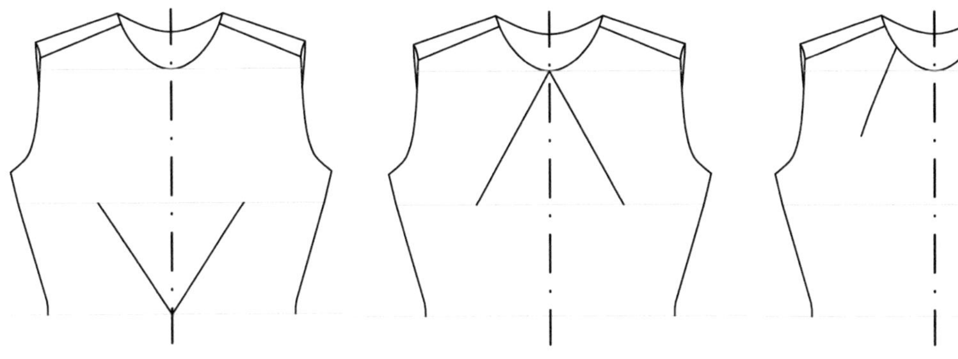
7 – Oblíqua do centro ao busto 8 – Em V invertido 9 – Oblíqua saindo do decote

Combinações de pences

1 e 2 (Combinação das pences vertical clássica e horizontal clássica.)

1 e 3 (Combinação das pences vertical clássica e oblíqua saindo da cava.)

1 e 4 (Combinação das pences vertical clássica e vertical saindo do ombro.)

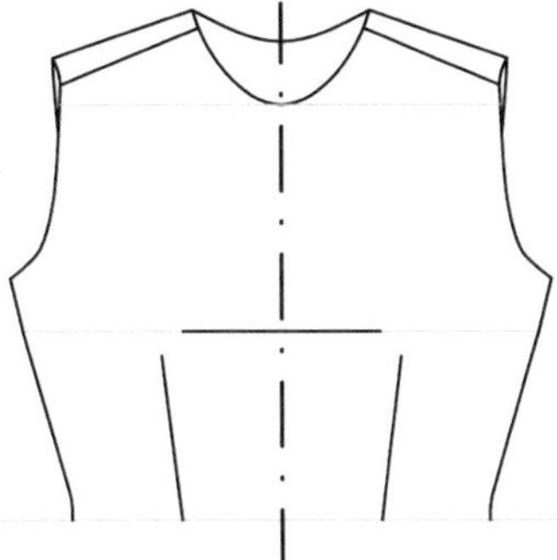
1 e 5 (Combinação das pences vertical clássica e central horizontal.)

Recortes

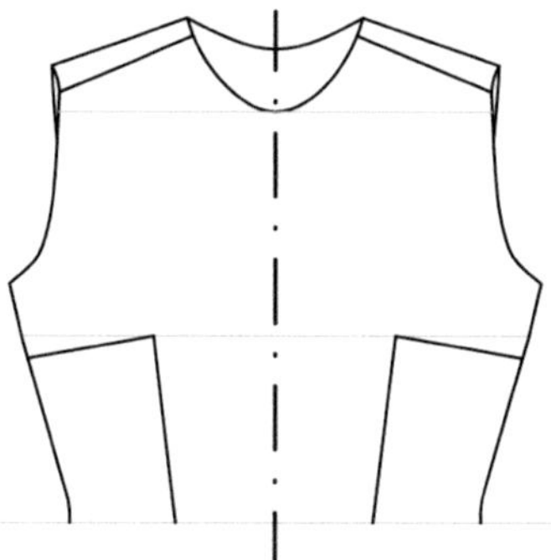

1+2 (Junção das pences vertical clássica e horizontal clássica.)

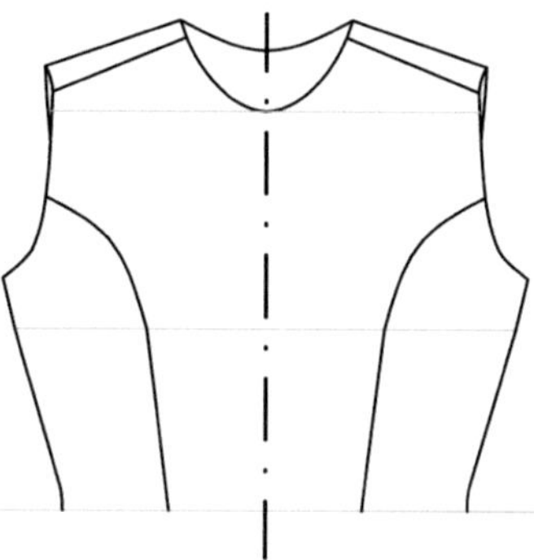

1+3 (Junção das pences vertical clássica e oblíqua saindo da cava.)

1+4 (Junção das pences vertical clássica e vertical saindo do ombro.)

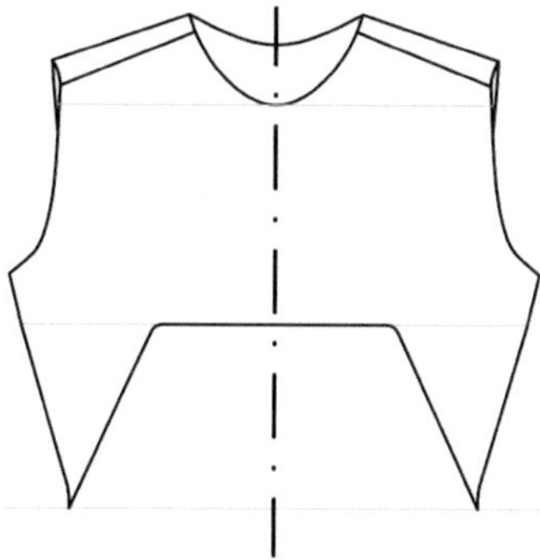

6+5 (Junção das pences em V e horizontal.)

1+9 (Junção das pences vertical clássica e oblíqua saindo do decote.)

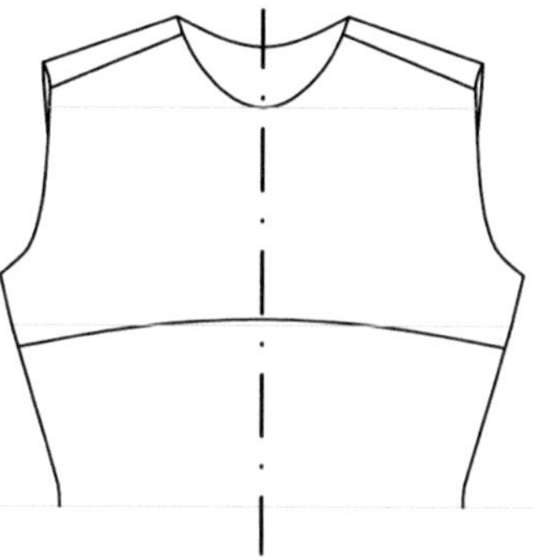

2+5 (Junção das pences horizontal clássica e central horizontal.)

3+7 (Junção das pences oblíqua saindo da cava e oblíqua do centro do busto, sem passar pelo bico do seio.)

3+7 (Junção das pences oblíqua saindo da cava e em V, passando pelo bico do seio.)

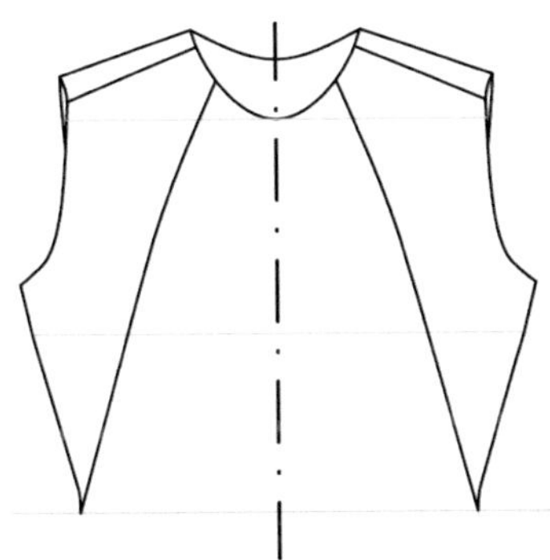
6+9 (Junção das pences em V e oblíqua saindo do decote.)

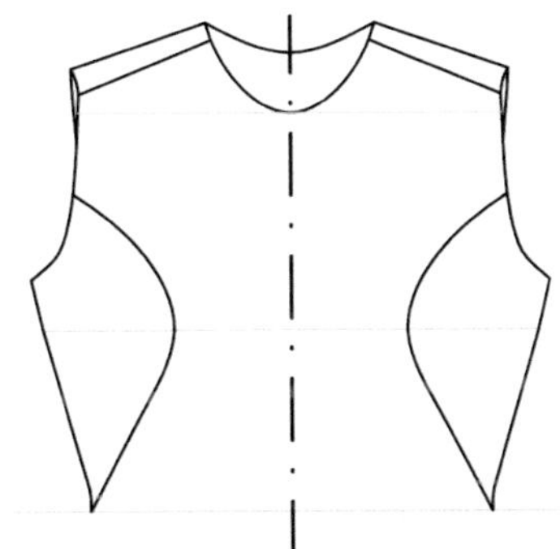
3+6 (Junção das pences oblíqua saindo da cava e em V, passando pelo bico do seio.)

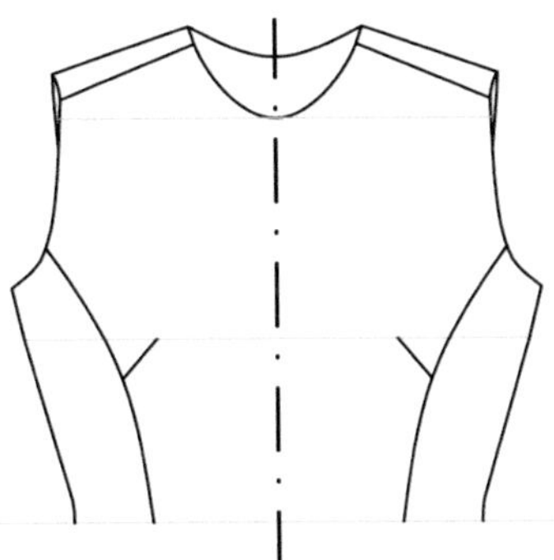
1+3 (Junção das pences oblíqua saindo da cava e em V, sem passar pelo bico do seio.)

Saias

As saias se apoiam na cintura e descem em direção aos quadris que, sendo mais largos, determinam a utilização de recursos para acomodar a largura da cintura à largura do quadril. Os recursos mais utilizados nesses casos são: recortes, pences, pregueados, franzidos e fio do tecido.

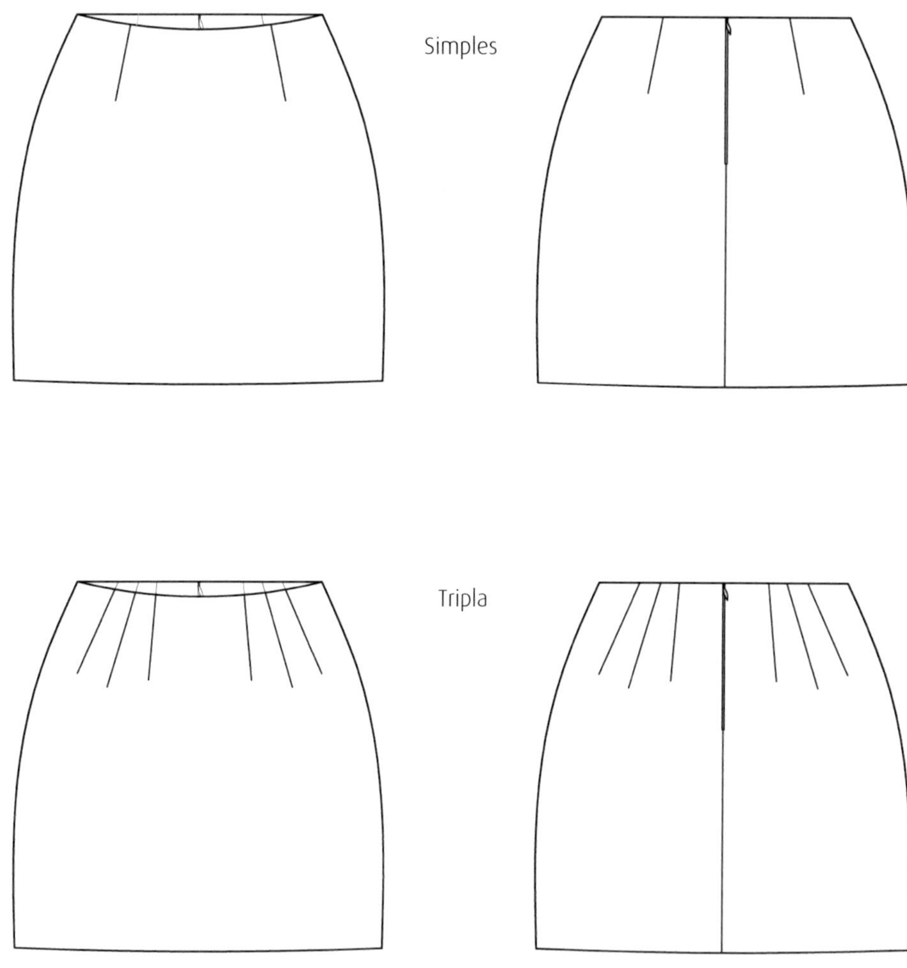

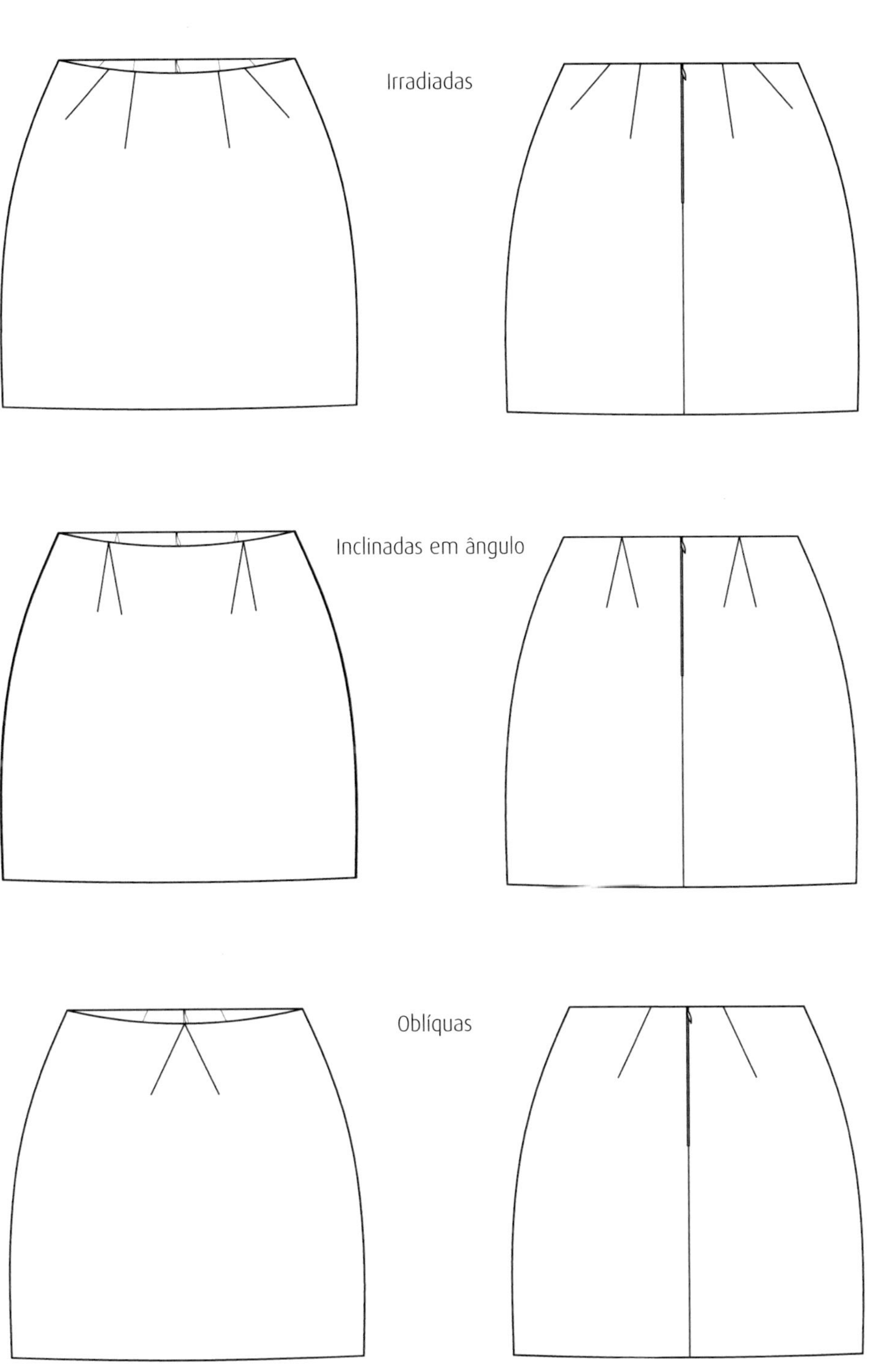
Irradiadas
Inclinadas em ângulo
Oblíquas

Decotes

Parte da roupa onde, eventualmente, são aplicadas as golas. O decote pode ser cortado em diferentes formatos, profundidades e larguras. É desenhado sobre a região do colo, onde se definem o seu formato e a sua altura. Na linha do ombro, define-se sua largura.

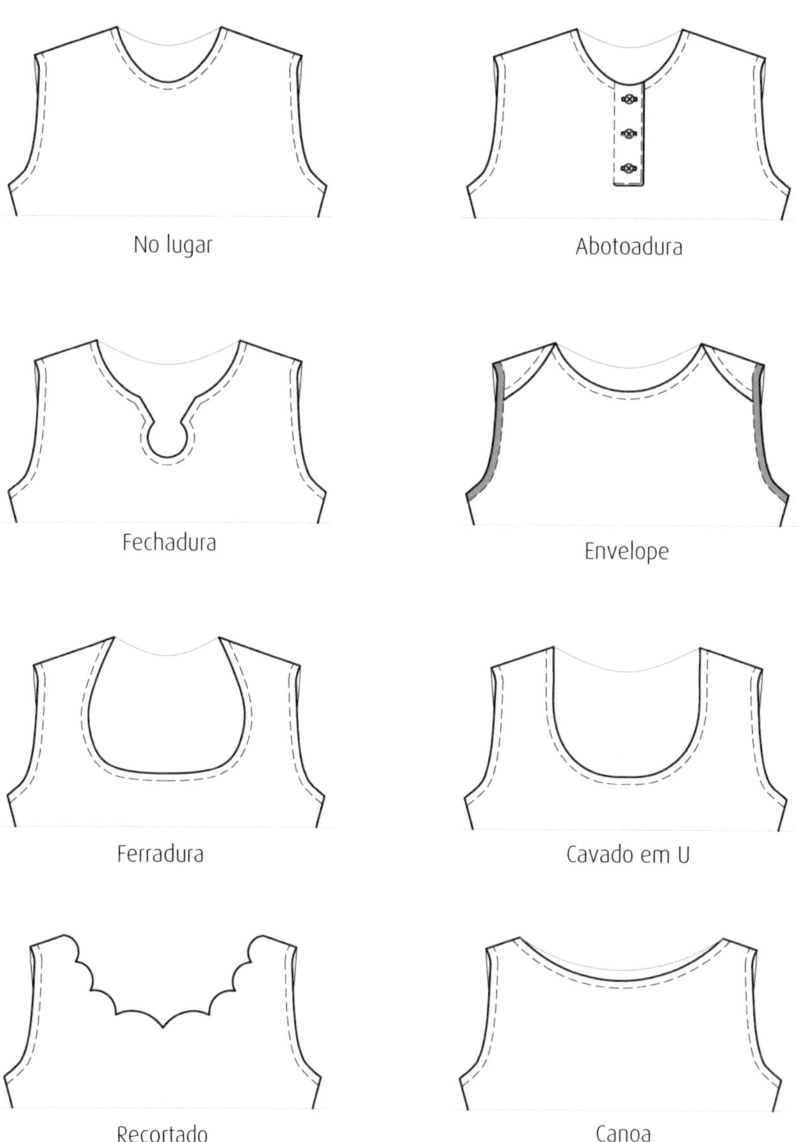

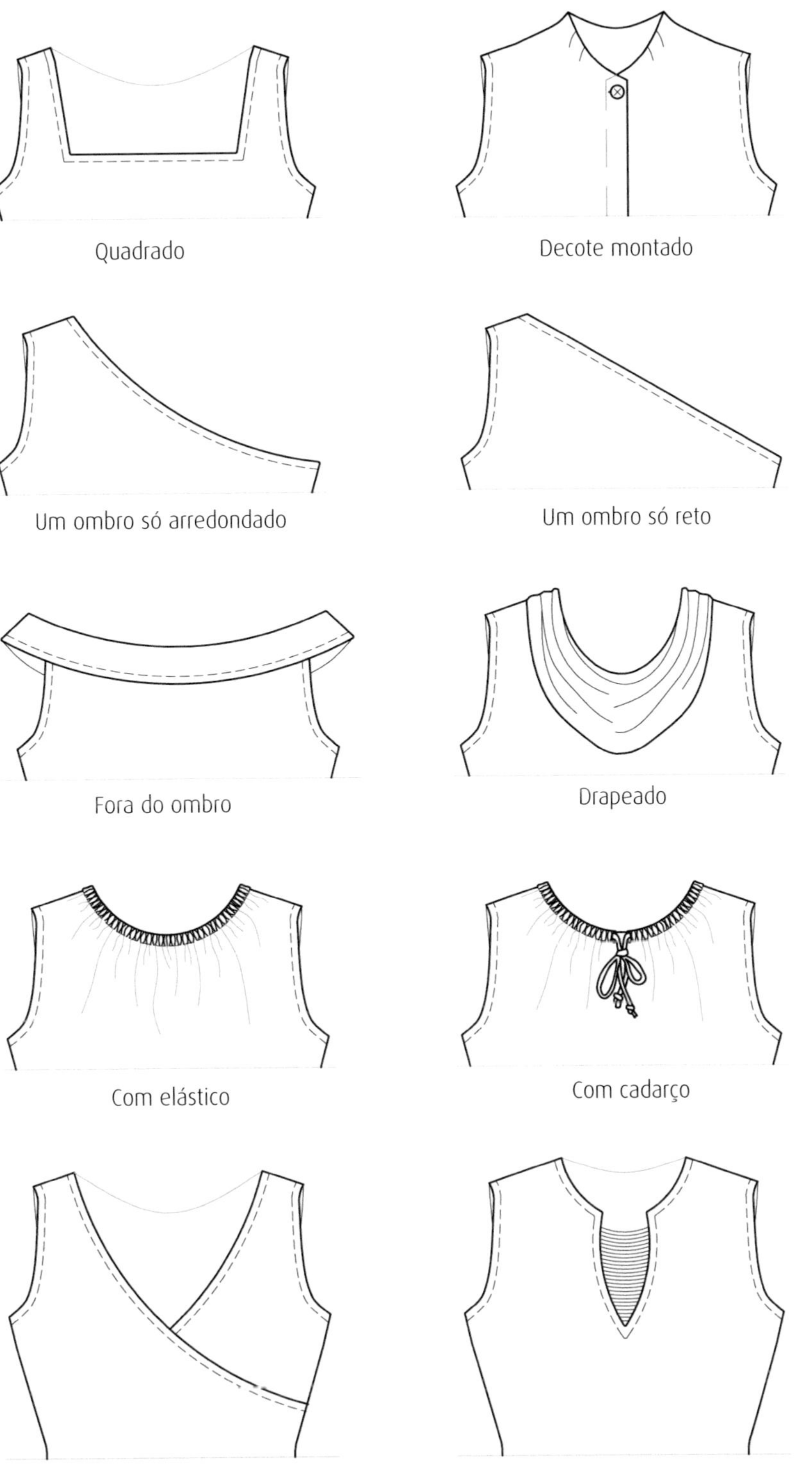
Quadrado
Decote montado
Um ombro só arredondado
Um ombro só reto
Fora do ombro
Drapeado
Com elástico
Com cadarço
Traspassado
Inset

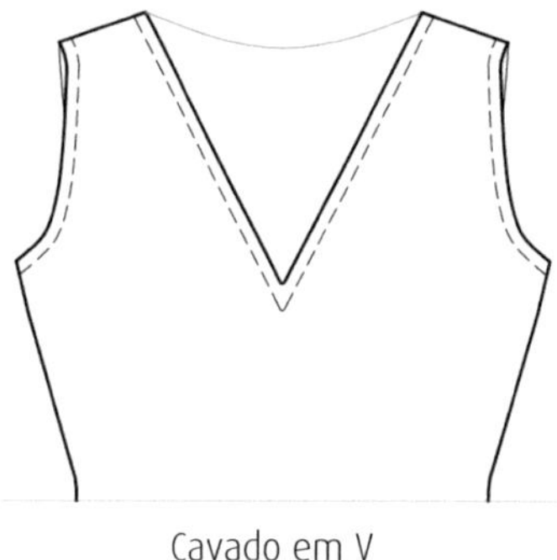
Cavado em V

Colo amplo

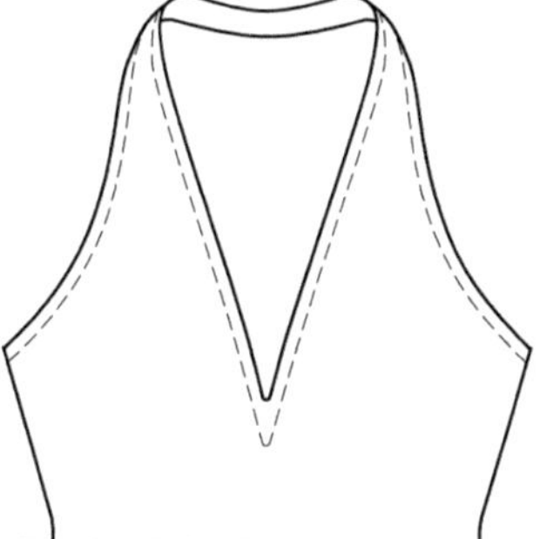
Frente única

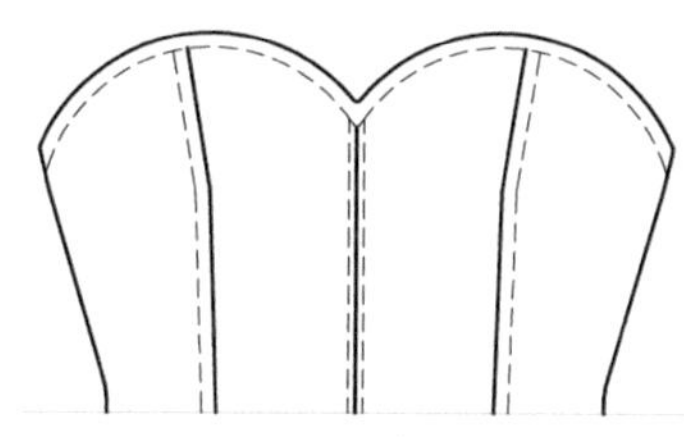
Sem alça

Costas

Em V aberto

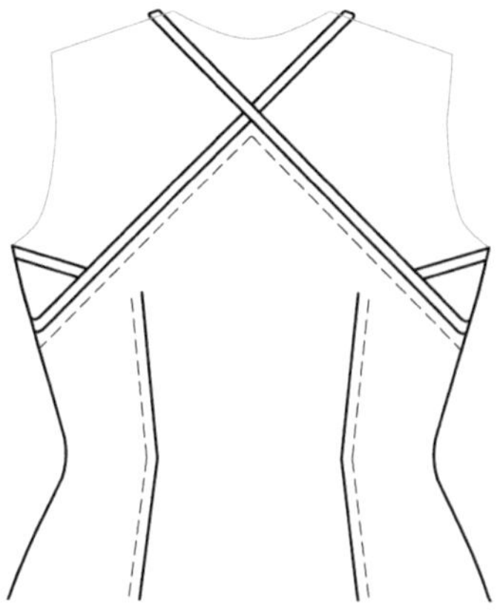
Cruzado

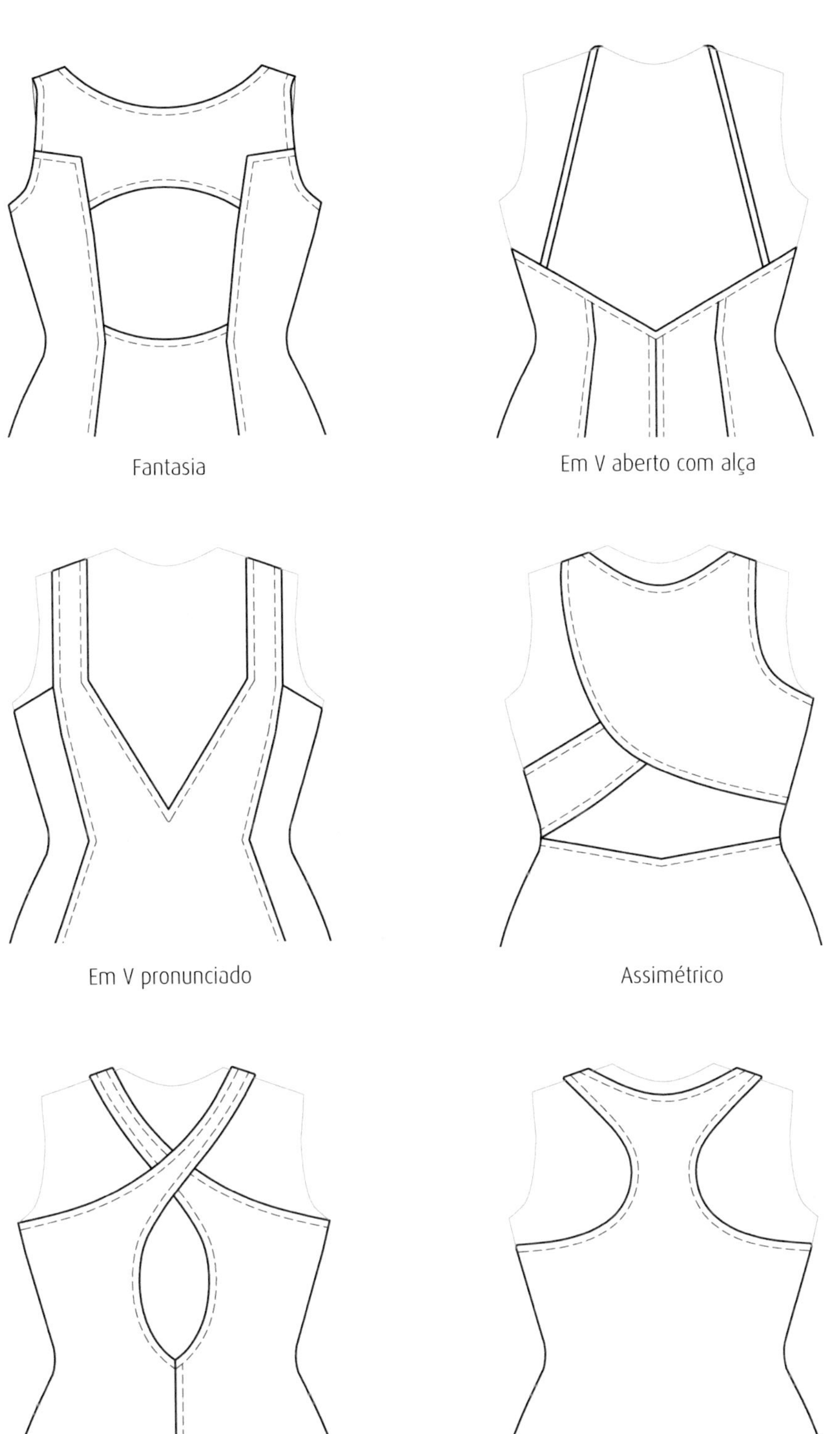
Fantasia
Em V aberto com alça
Em V pronunciado
Assimétrico
Cruzado
Esportivo

Golas

São as partes das roupas sobrepostas ao decote. Podem ser divididas em três grupos principais: postiças, que são cortadas separadas do resto da roupa e depois costuradas; inteiras, que são parte integrante da frente da blusa, sendo cortadas num molde único; e mistas, que têm uma parte inteira e outra parte postiça – a lapela.

As golas variam também de acordo com seu caimento, podendo ser deitadas, levantadas ou em pé. O que define o caimento da gola é a linha de base do seu molde, a parte que emenda no decote: quanto mais reta, mais em pé é a gola e quanto mais pronunciada for a sua curvatura, mais pousada ela se apresenta. As formas são definidas pelas linhas de borda, que desenham em suas extremidades pontas, arredondados ou recortes.

Golas sem colarinho

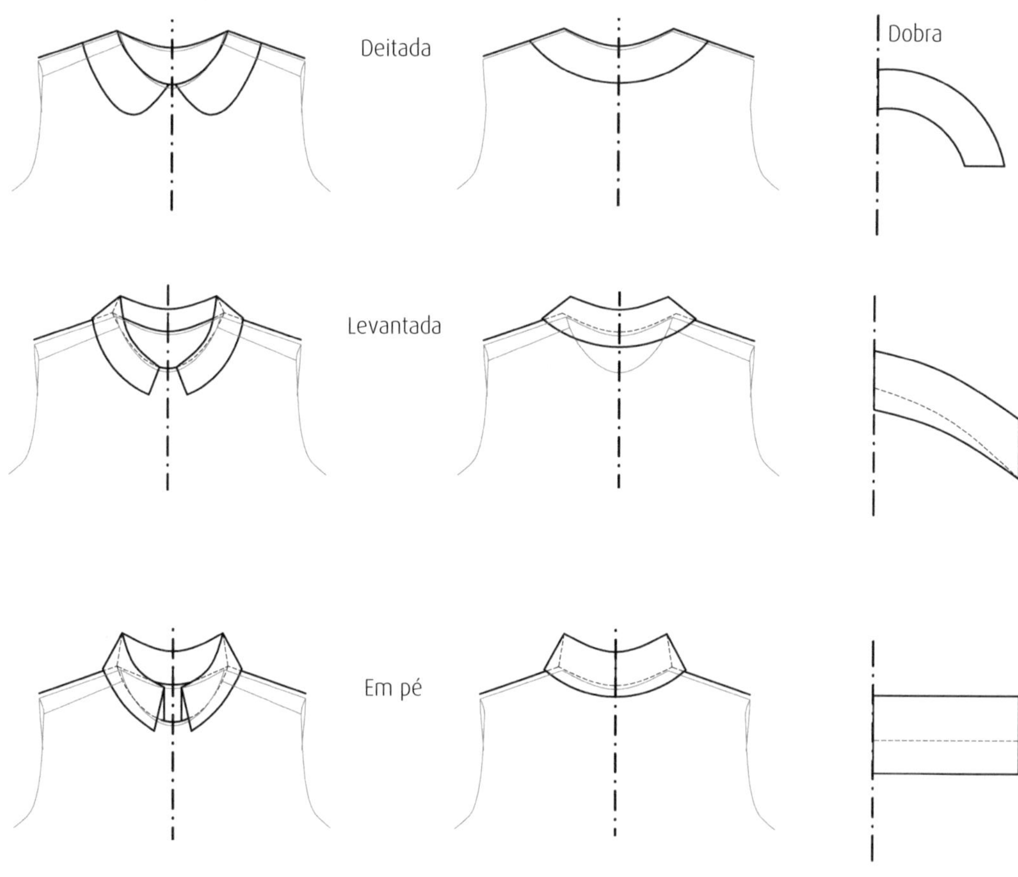

Golas altas

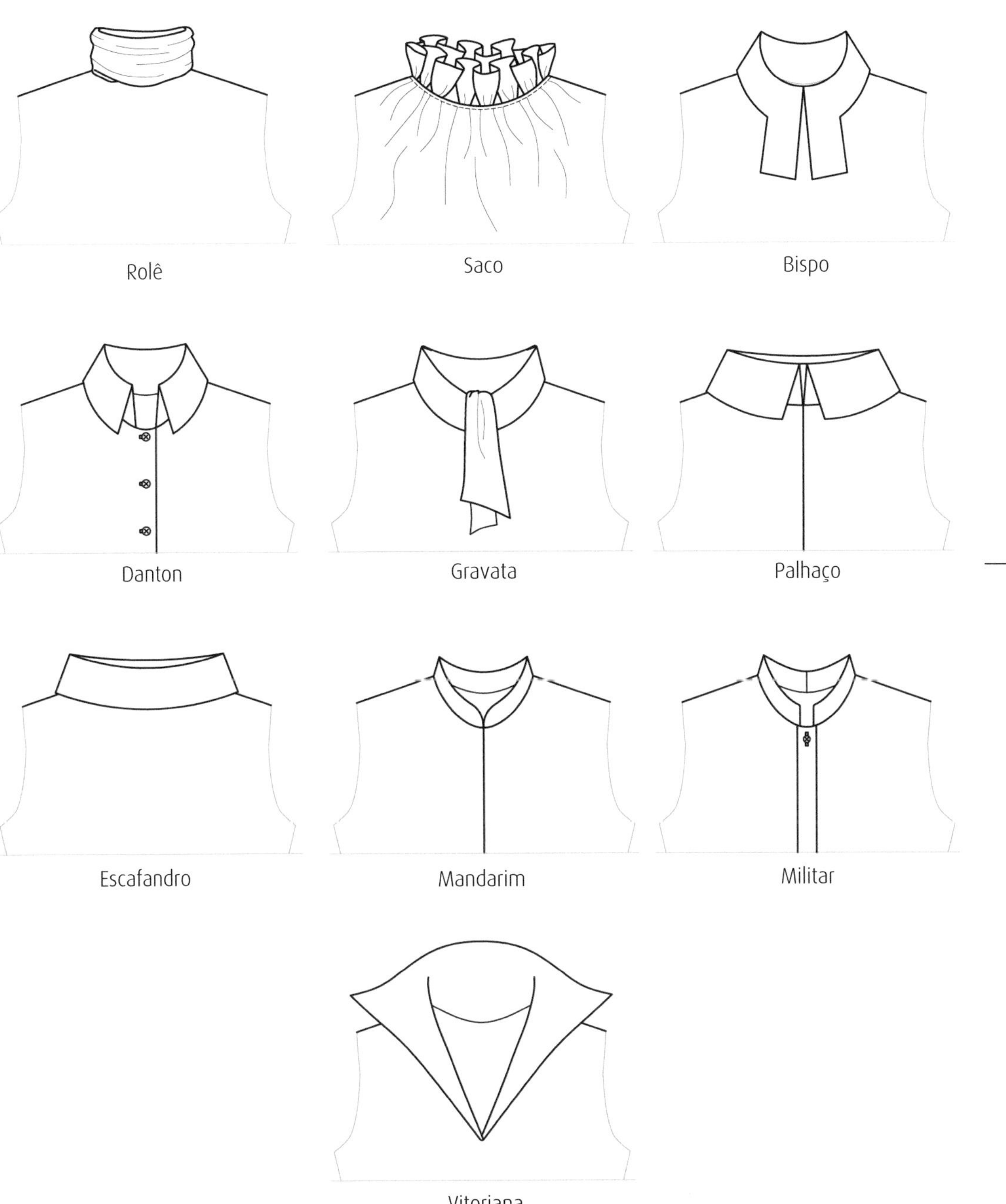
Rolê
Saco
Bispo
Danton
Gravata
Palhaço
Escafandro
Mandarim
Militar
Vitoriana

Golas levantadas

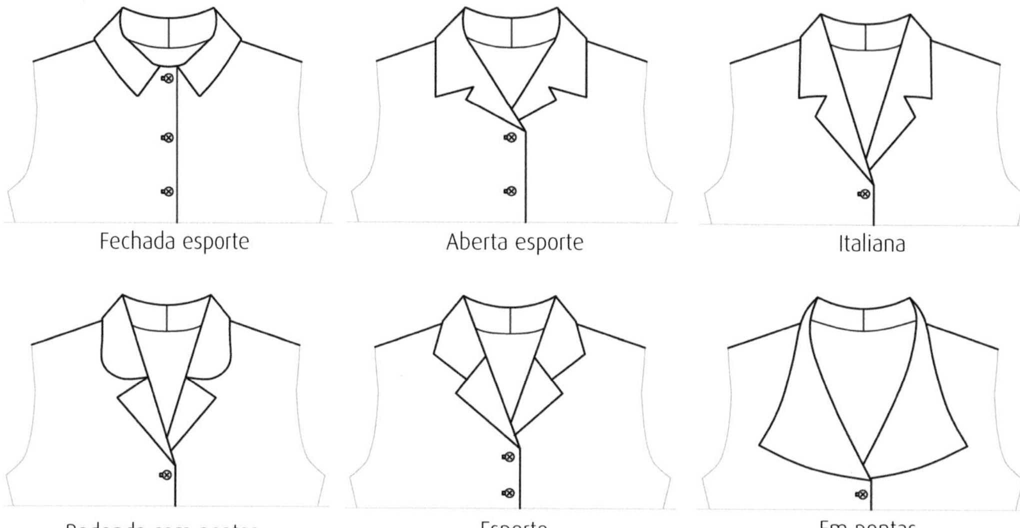

Golas baixas

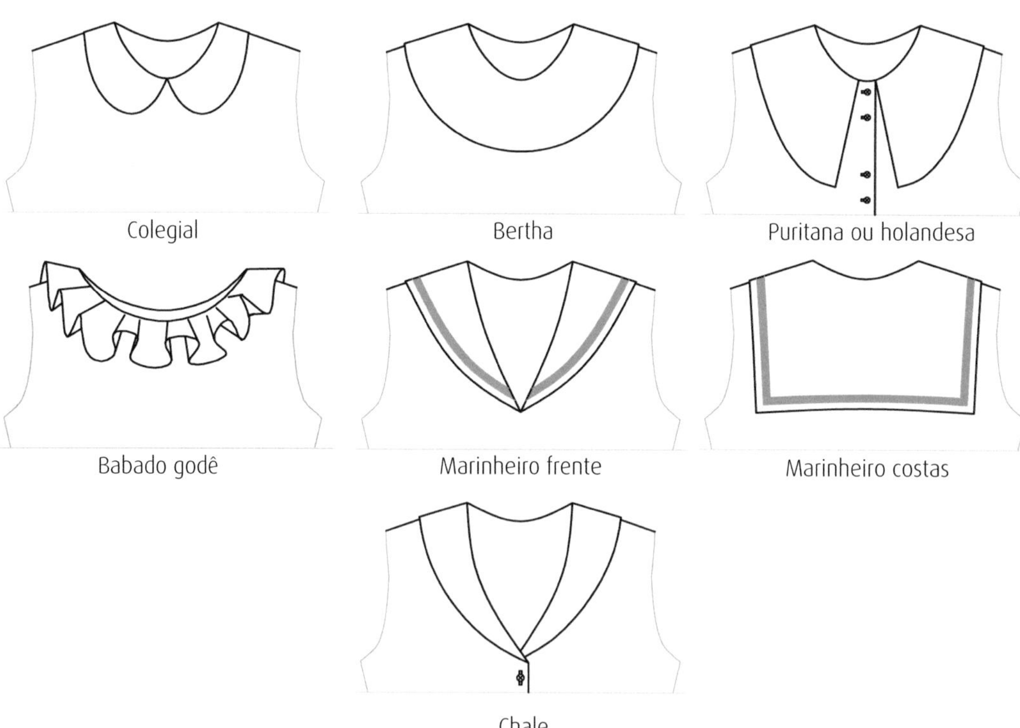

Colarinho passo a passo

A gola colarinho ou colarinho possui uma parte que serve como base – o pé de colarinho – e uma outra parte que se dobra sobre ela – a gola. As partes podem ser modeladas separadamente ou integradas em um só molde. Veja, a seguir, o passo a passo do desenho do colarinho.

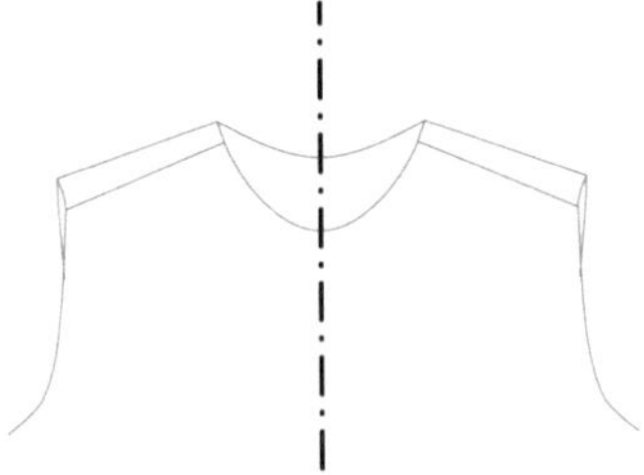

1 – Desenhar a base. Traçar o eixo central onde se localiza o cruzamento da camisa e o alinhamento dos botões.

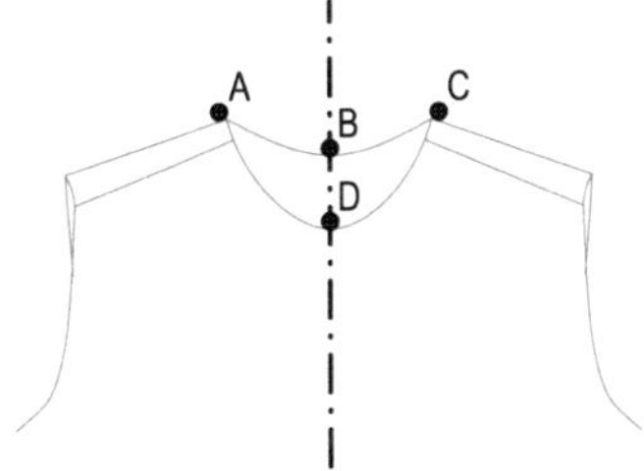

2 – Retraçar um pouco mais alto e mais largo o decote da base; subir os pontos **B** e **D** e os pontos **A** e **C**.

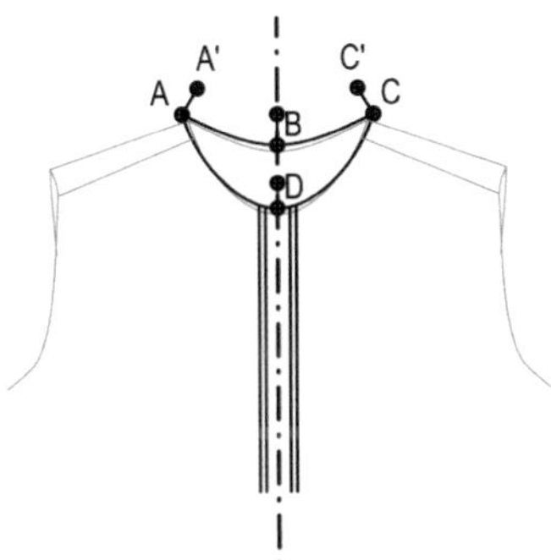

3 – Subir uma linha ligeiramente inclinada dos pontos **A** e **C**, achar **A'** e **C'**. Dos pontos **B** e **D** puxar linhas perpendiculares, nas alturas desejadas. Definir a largura da vista do abotoamento.

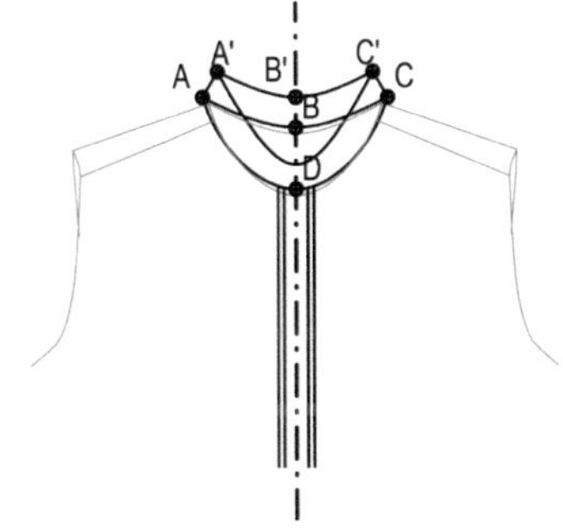

4 – Marcar os pontos **B'** e **C'**. Ligar os pontos.

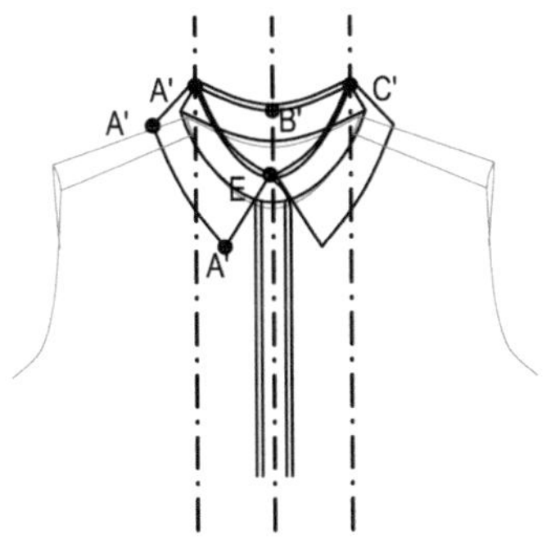

5 – Traçar uma linha inclinada saindo ligeiramente acima do ponto **A'** (por causa da dobra) em direção ao ombro.
6 – Traçar a abertura da frente do colarinho saindo do ponto **E** na direção desejada. Ligar os pontos **A''** e **A** por uma curva.

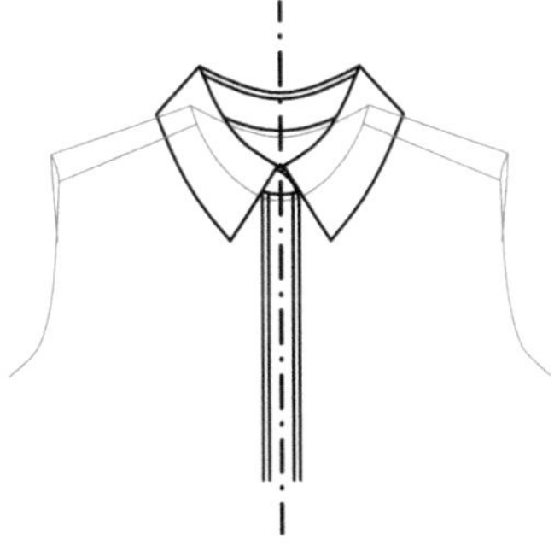

7 – Apagar as linhas debaixo da gola.

Tipos de colarinhos

Mantendo a mesma estrutura, os colarinhos podem ser desenhados de diferentes formas, como nos exemplos a seguir.

Abotoamento de camisas

A parte da camisa que recebe os botões chama-se tira de vista, ou simplesmente vista. Essa denominação vem do francês patté, que significa tira. Ela pode receber diferentes tratamentos, como nos desenhos a seguir. Na camisa feminina, o abotoamento é feito da direita para a esquerda.

Embutido

Com tira de vista

Sem tira de vista e com debrum

Sem tira de vista

Invisível

Polo

Lapela

Parte integrante do corpo de paletós e blusas, a lapela se dobra para o lado de fora e se junta à gola. Veja a seguir o passo a passo do desenho.

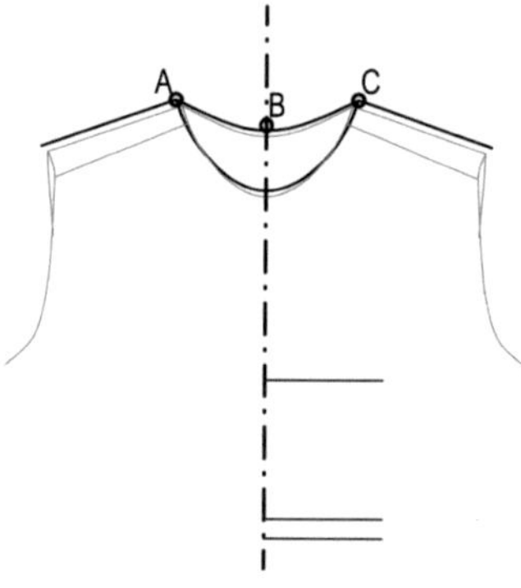

1 – Traçar o eixo central, onde se localizam o cruzamento do paletó, a dobra da lapela e o alinhamento dos botões.

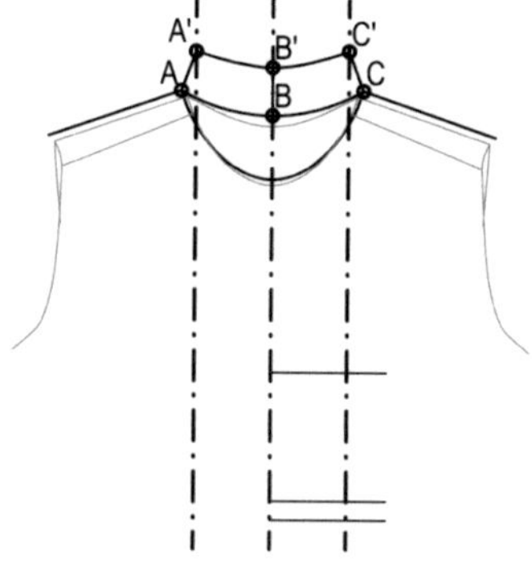

2 – Subir a altura da gola nas costas, a partir dos pontos do ombro (**A**, **C**) e do meio do decote (**B**). Ligar os novos pontos **A'**, **B'**, **C'** em curva.

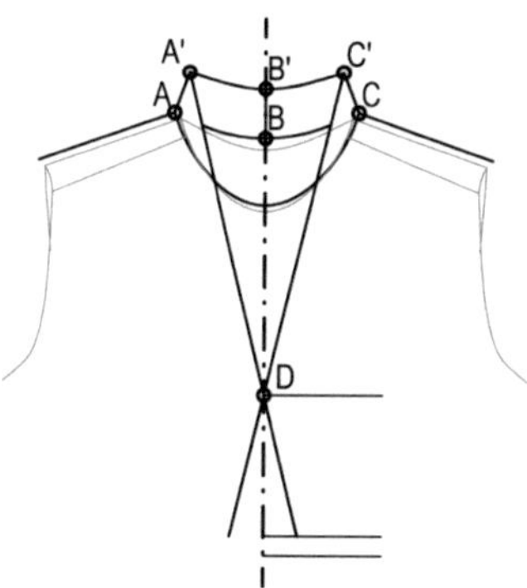

3 – Ligar os pontos das extremidades (**A'**, **C'**) da gola até a altura definida para cruzamento do paletó (**D**), formando um triângulo.

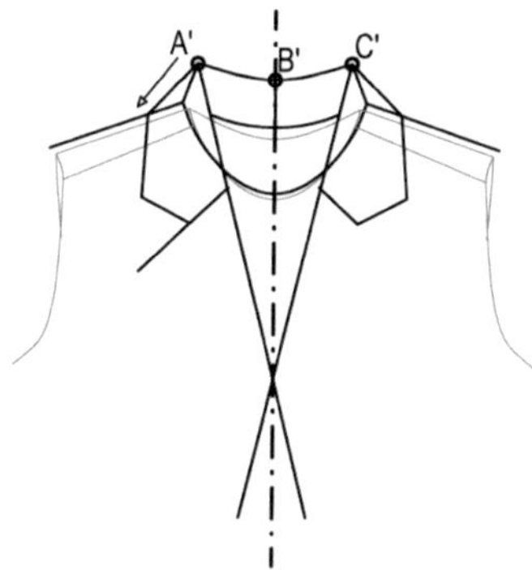

4 – Descer uma diagonal dos pontos **A'**, **C'** em direção ao ombro e desenhar a forma da gola, assim como a abertura da lapela.

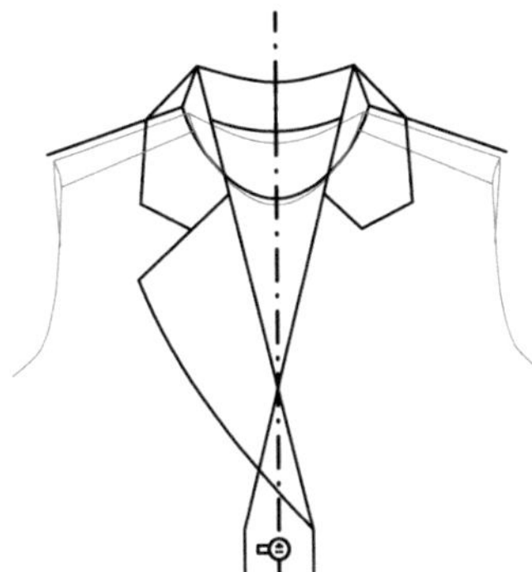

5 – Traçar a lapela do paletó, curvando-a no nível do botão, para que continue reta até o final da roupa.

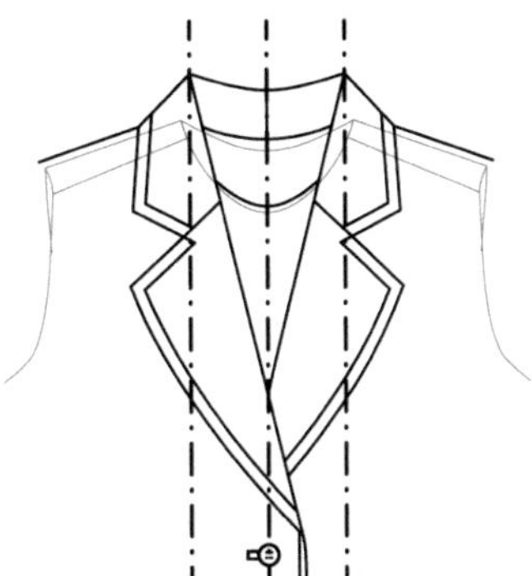

6 – Traçar os detalhes da gola para finalizar o desenho.

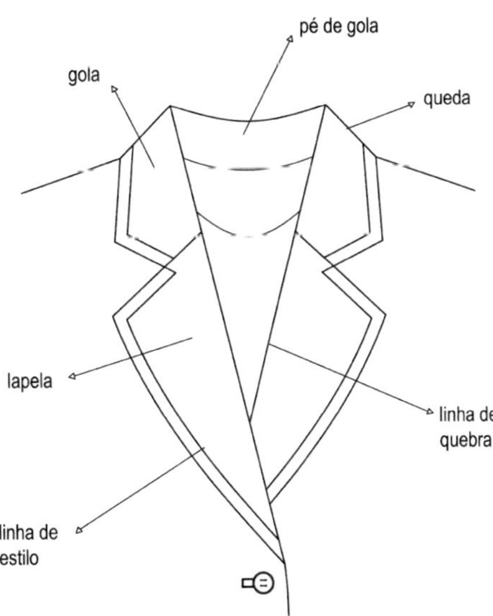

Cava

Chama-se cava o recorte feito no molde da roupa para liberar a passagem do braço. As cavas são desenhadas mais encurvadas na frente e mais suaves e longas nas costas, liberando o movimento dos braços. Variam em caimento, amplitude e forma. Veja, a seguir, o passo a passo do desenho.

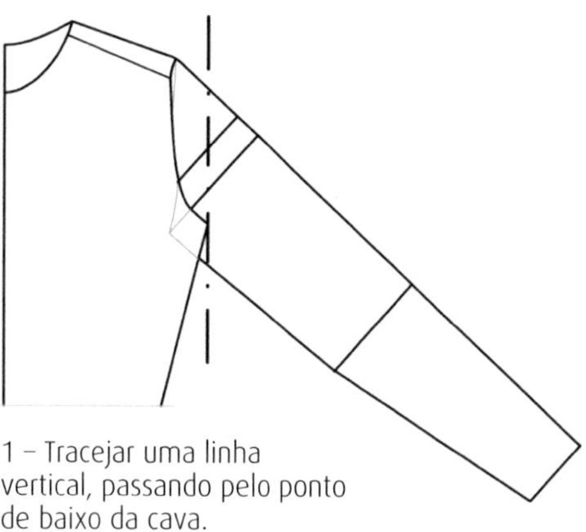

1 – Tracejar uma linha vertical, passando pelo ponto de baixo da cava.

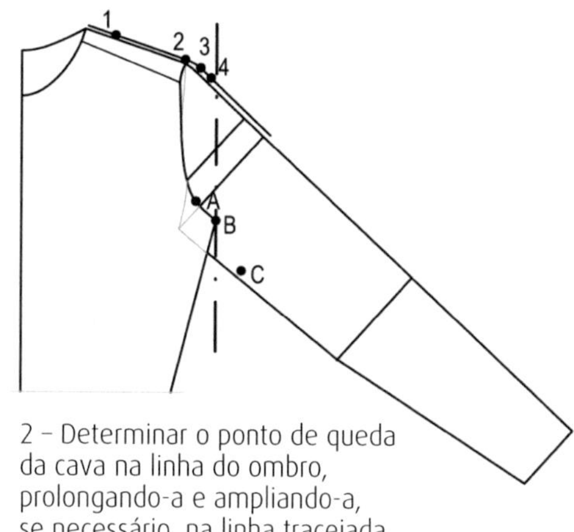

2 – Determinar o ponto de queda da cava na linha do ombro, prolongando-a e ampliando-a, se necessário, na linha tracejada.

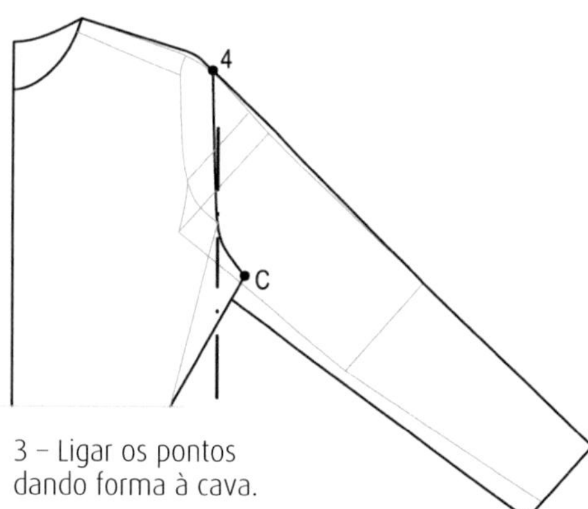

3 – Ligar os pontos dando forma à cava.

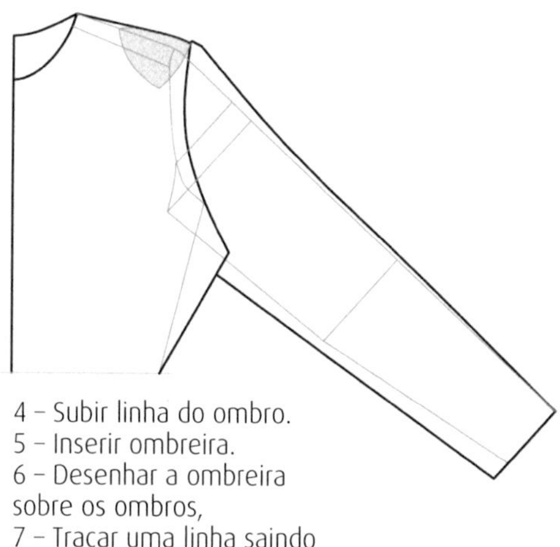

4 – Subir linha do ombro.
5 – Inserir ombreira.
6 – Desenhar a ombreira sobre os ombros,
7 – Traçar uma linha saindo do decote acima dela.

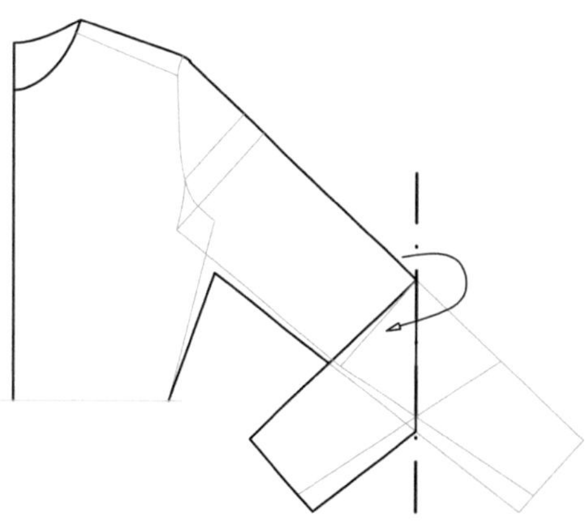

Como dobrar a manga:
1 – Traçar uma vertical passando pelo ponto mais alto do cotovelo (linha de dobra).
2 – Girar a manga sobre a linha de dobra, reproduzindo o desenho simetricamente.

Tipos de cavas

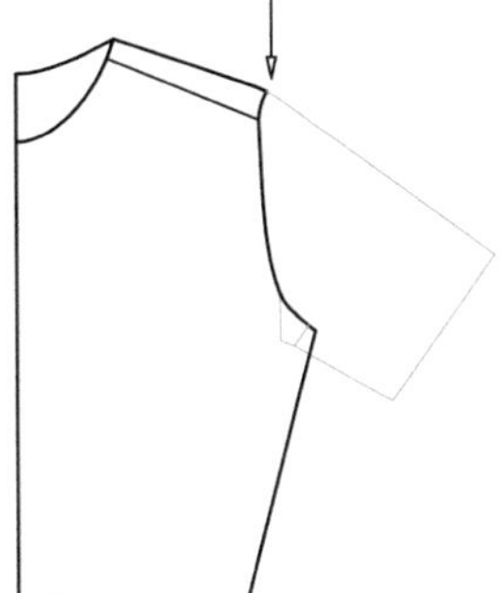

No ombro

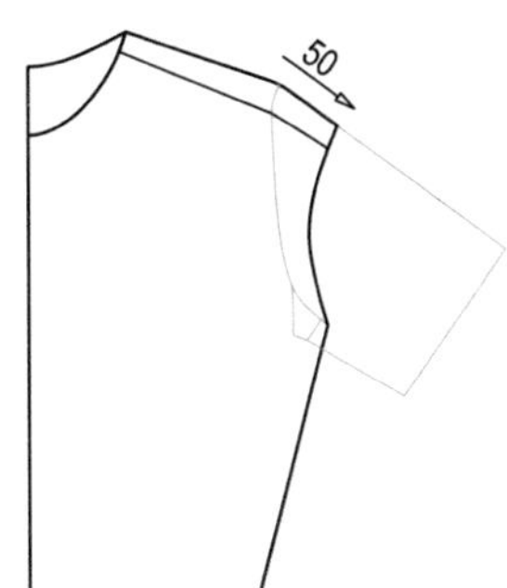

Ombro baixo
manga camisa

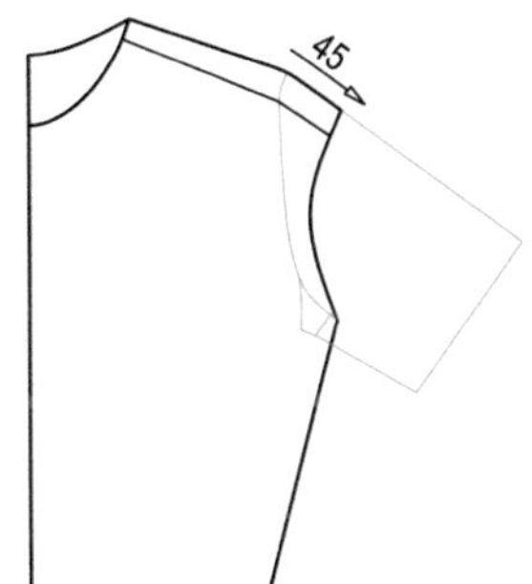

Ombro caído

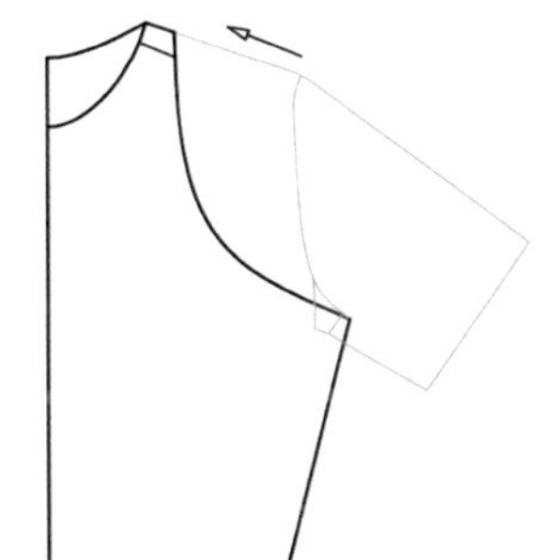

Cava americana /
olimpica

Ideal

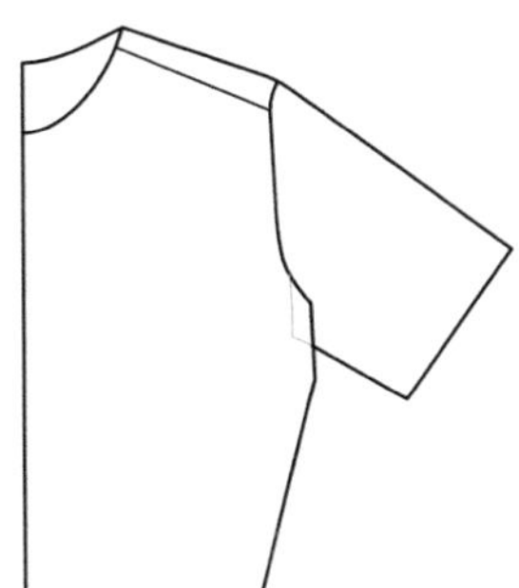

Estreita
(usada em blusas sem manga)

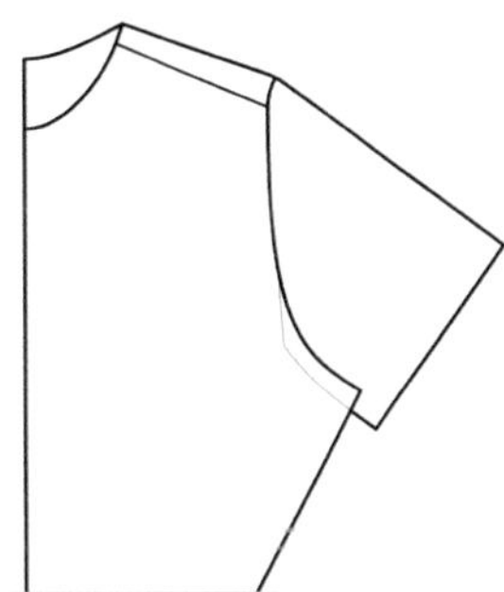

Ampla

Mangas

É a parte da roupa que veste o braço. Pode ser construída a partir do prolongamento do ombro, seguindo diretamente o molde da roupa, ou ser ligada ao ombro pela cava.

As mangas podem ser classificadas em:

mangas com cava – variam de acordo com o caimento no ombro, a forma e a amplitude da cava;

mangas sem cava – variam de acordo com a forma e a amplitude;

mangas mistas – são mangas sem recorte de cava, montadas em meia-cava, ou mangas cujas costas pertencem a um tipo e a frente a outro.

Outras variantes ocorrem no corpo da manga: comprimento, recortes, fio do tecido, largura e ajustes de largura, tais como franzidos, pregas e aplicação de elásticos, que também conformam modelos.

Mangas com cavas

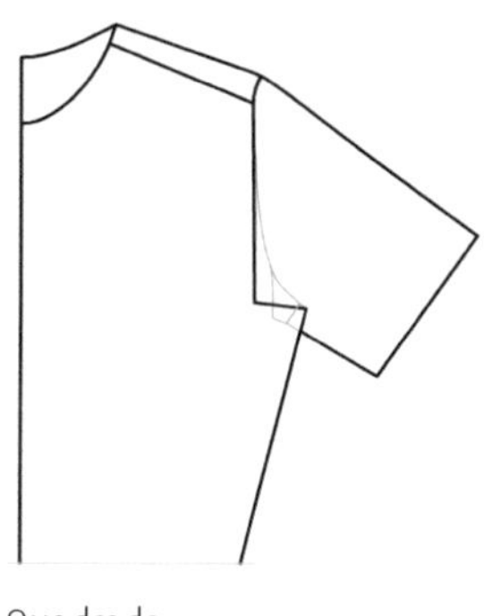

Quadrada

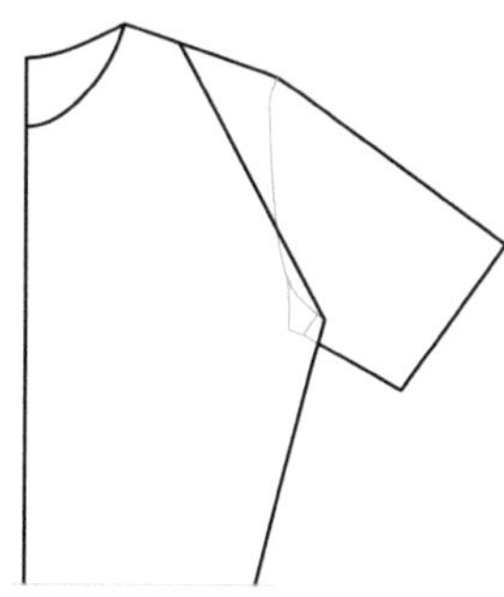

Oblíqua

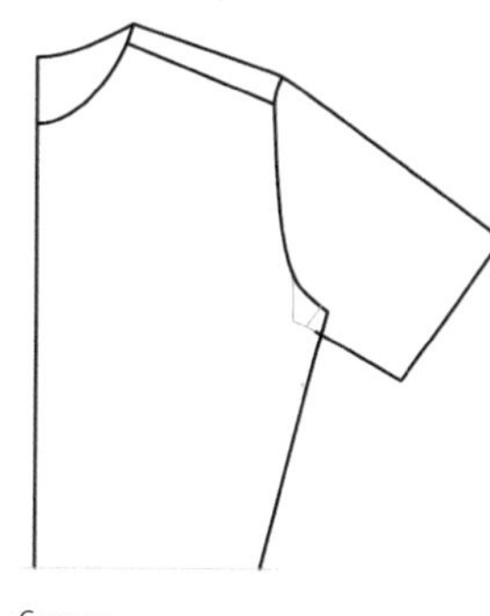

Curva

Mangas mistas

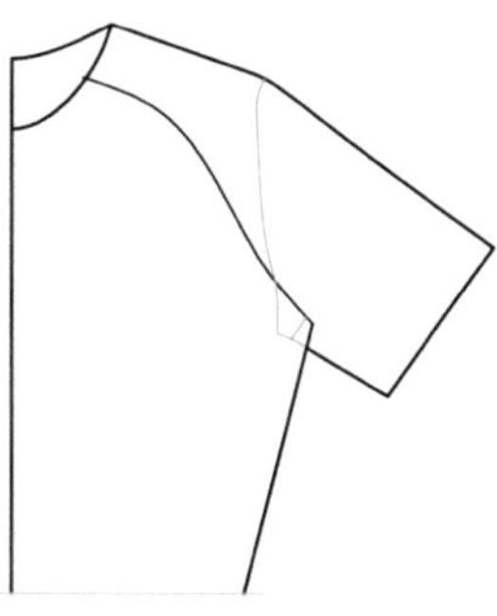

Raglã

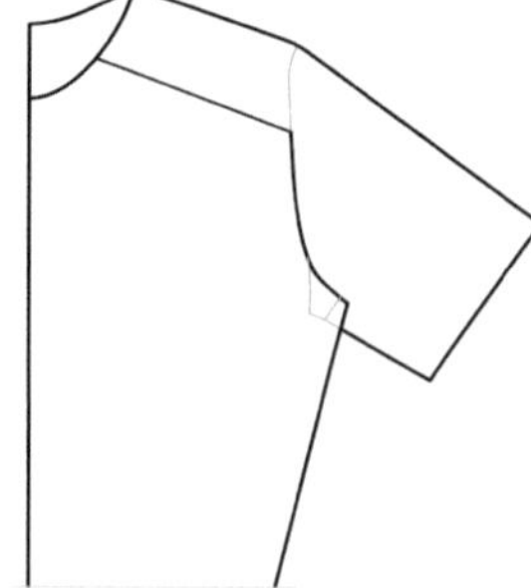

Meia cava raglã

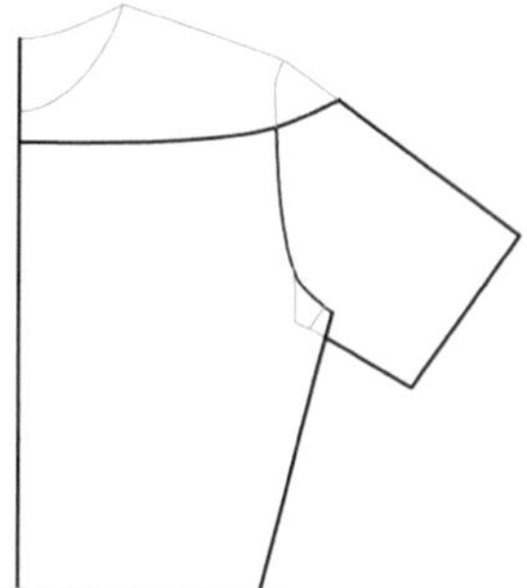

Meia cava / canoa

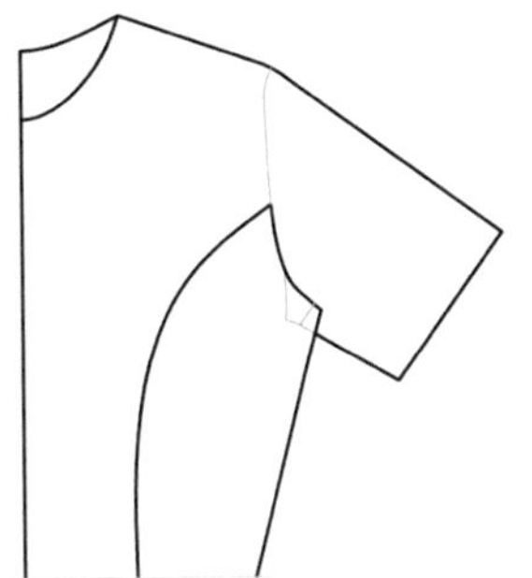
Meia cava com recorte

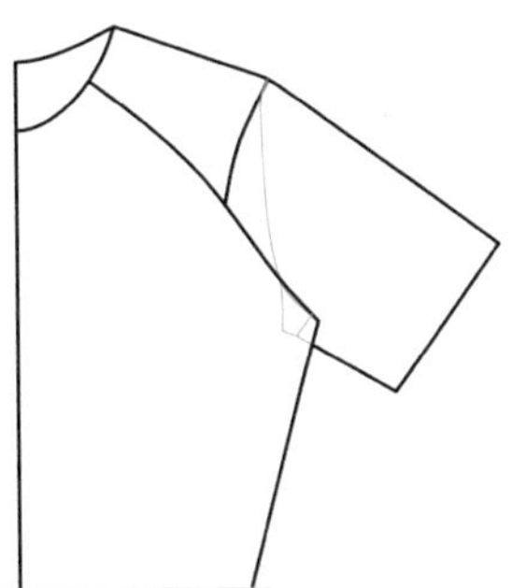
Raglã / curva na cabeça da cava

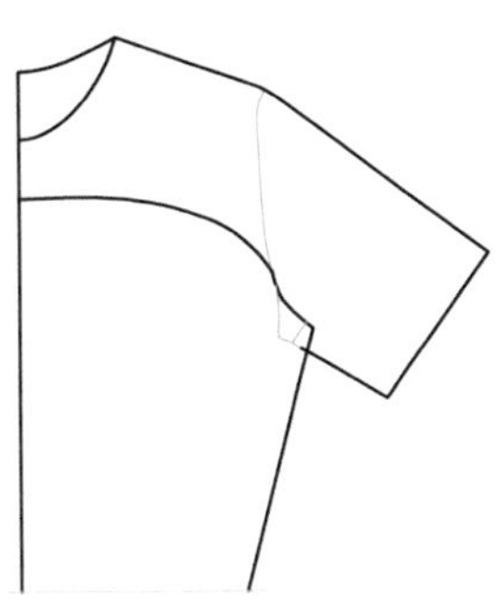
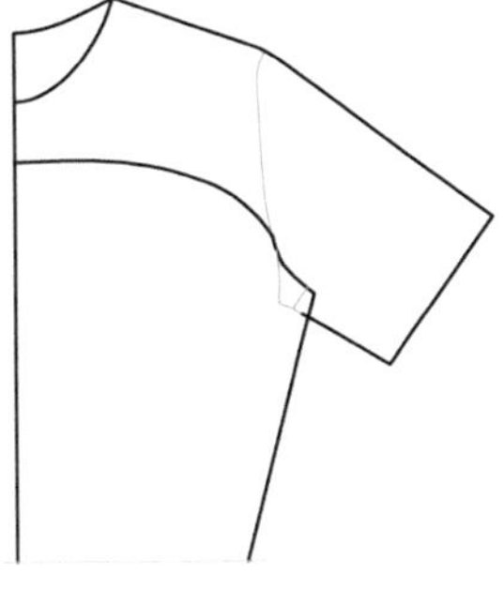
Meia cava / pala

Mangas sem cavas

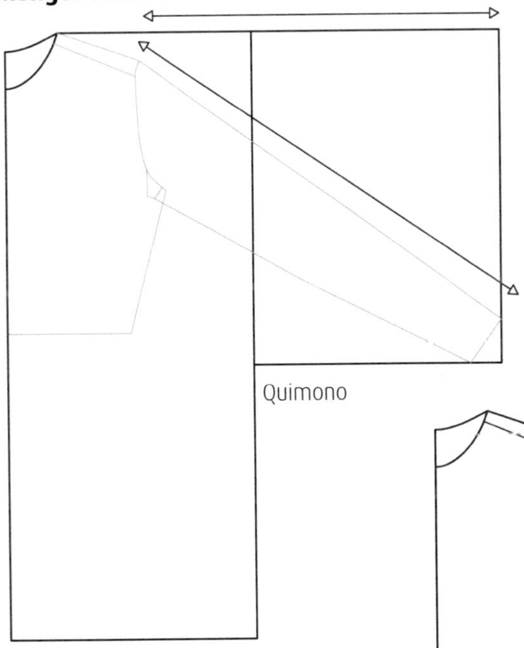

Quimono

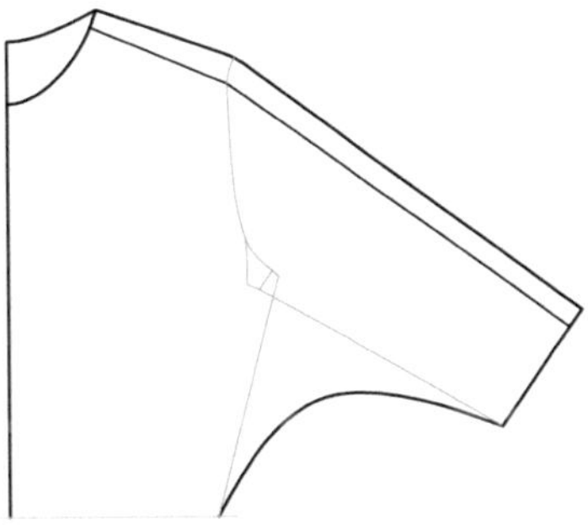

Morcego

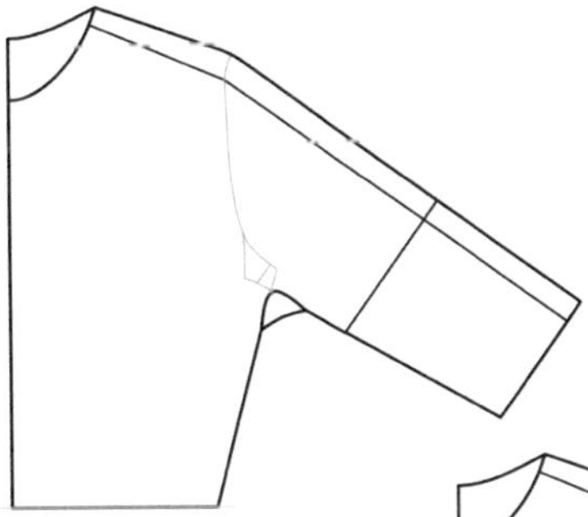

Com taco

Dolmã

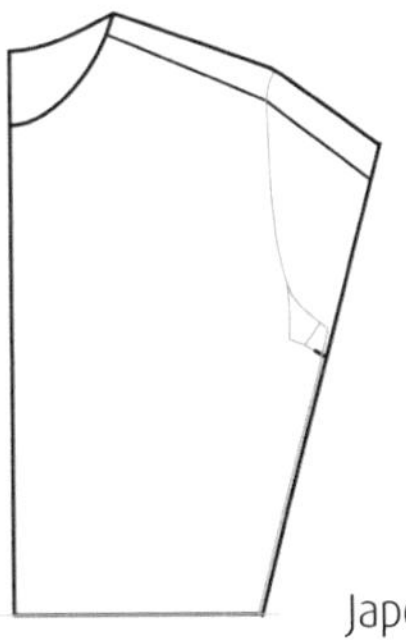

Japonesa

Outros modelos

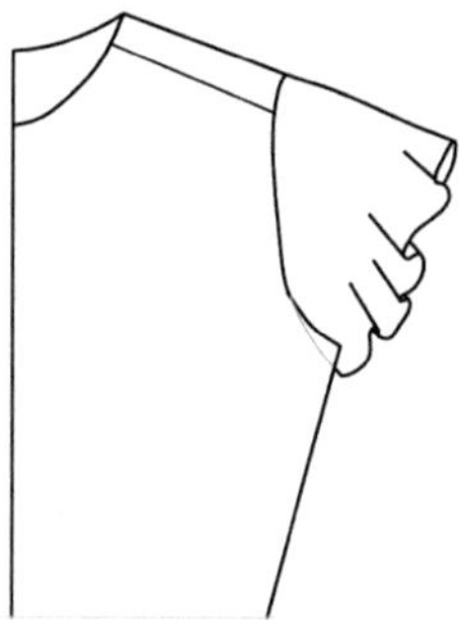

Borboleta

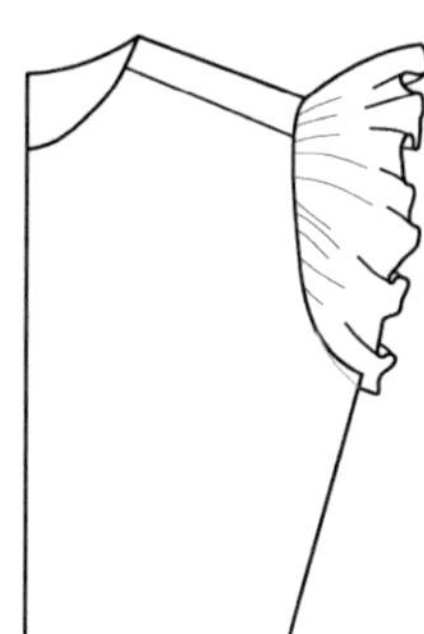

Asa franzida

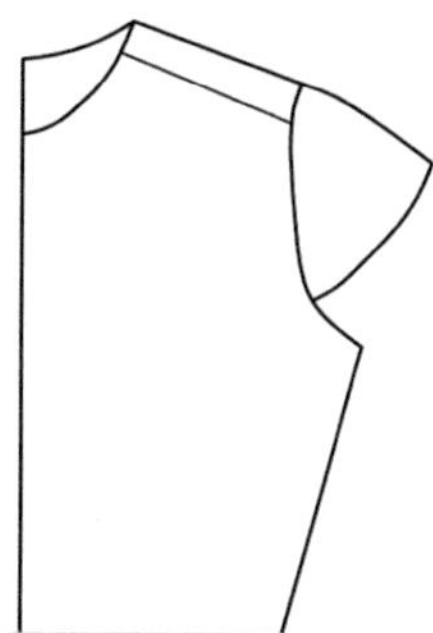

Com aba aplicada

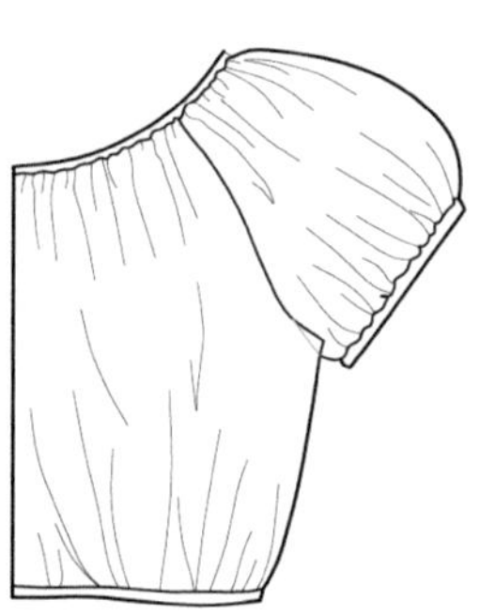

Camponesa

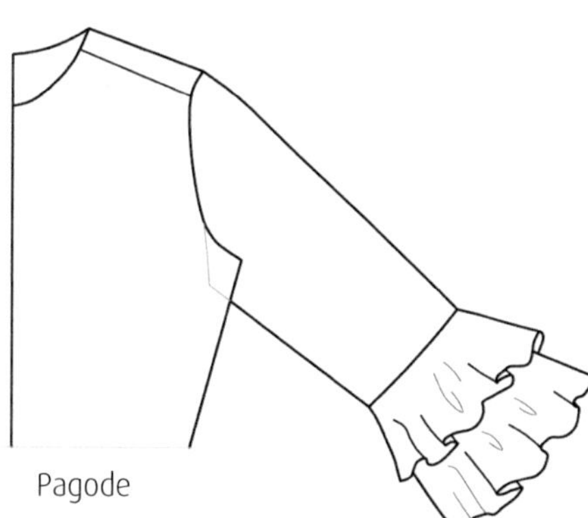

Pagode

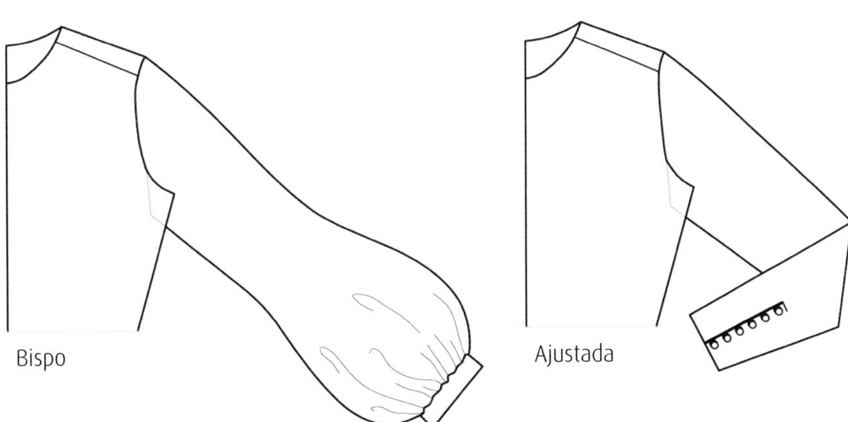

Bispo

Ajustada

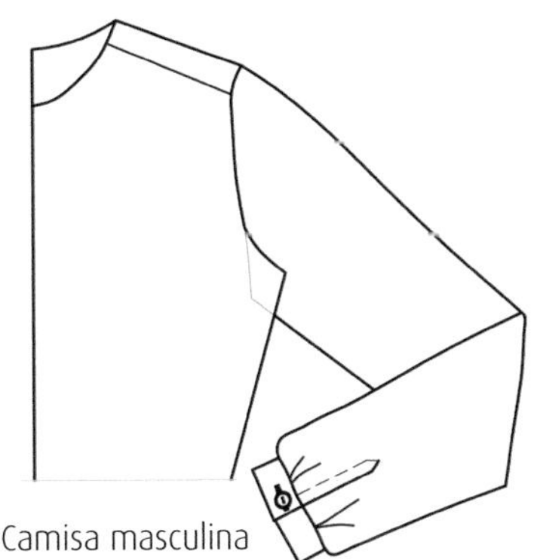

Camisa masculina

Com tira ao longo da manga

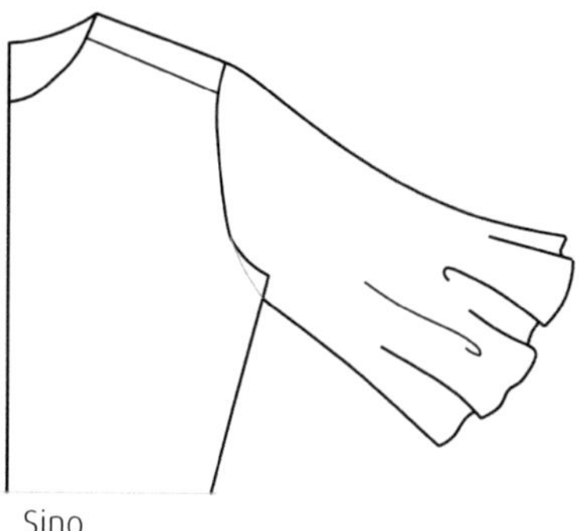
Sino

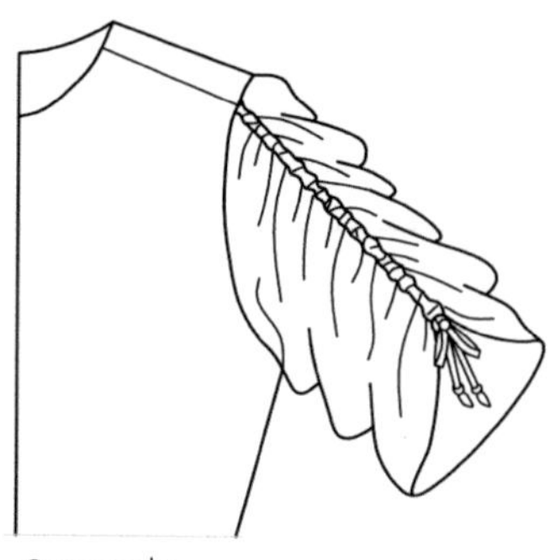
Drapeada

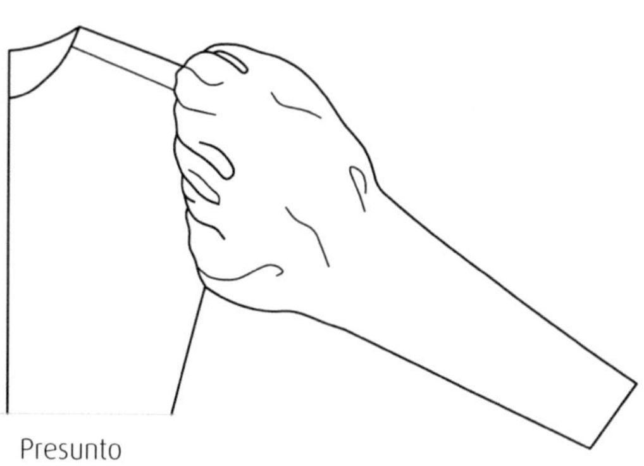
Presunto

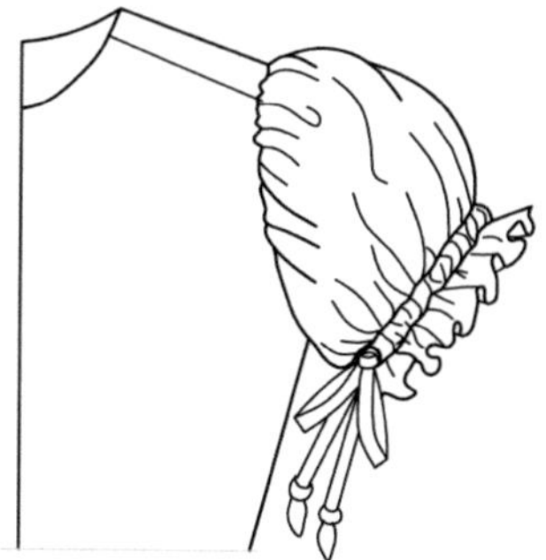
Bufante com cadarço

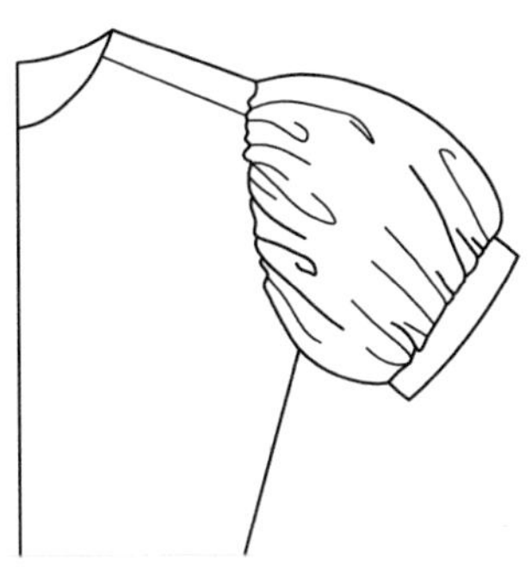

Bufante

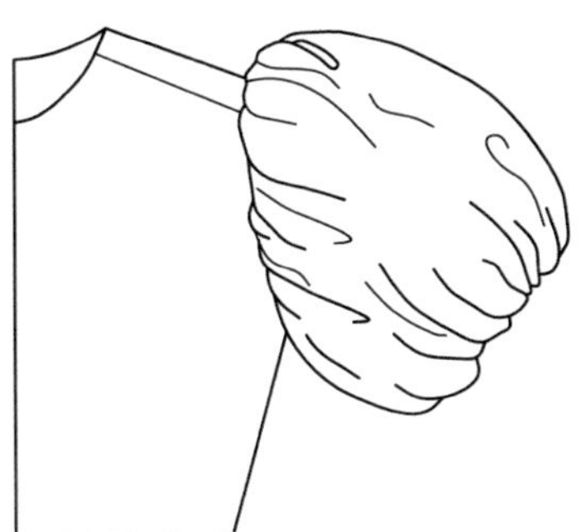

Balão

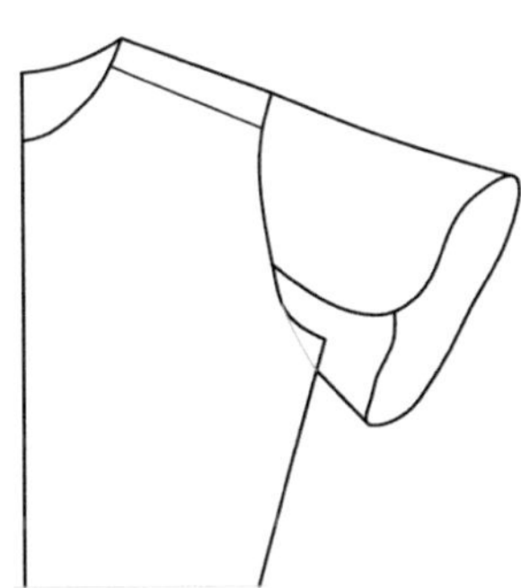

Tulipa

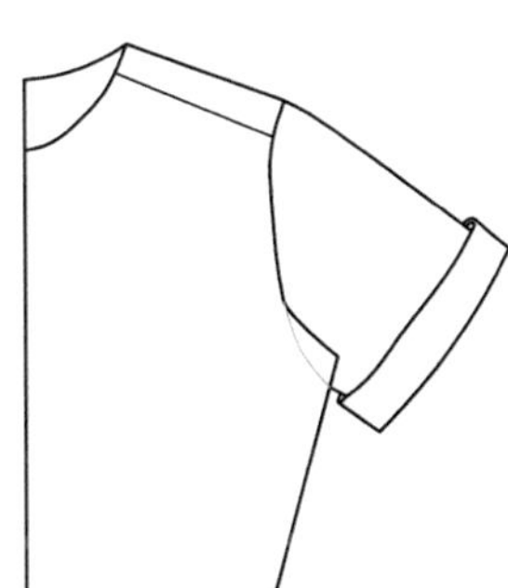

Dobrada

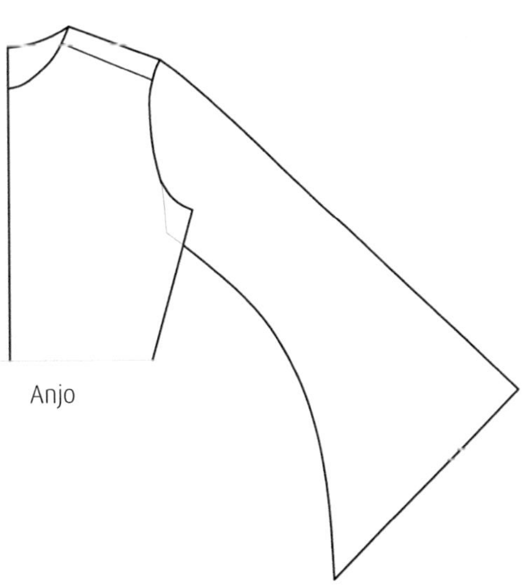

Anjo

Punhos

Fechamento feito nas extremidades da manga, na altura do pulso. Possibilita a passagem da mão através de uma abertura que se prolonga pelo comprimento da manga. Pode variar nos modos de fechar.

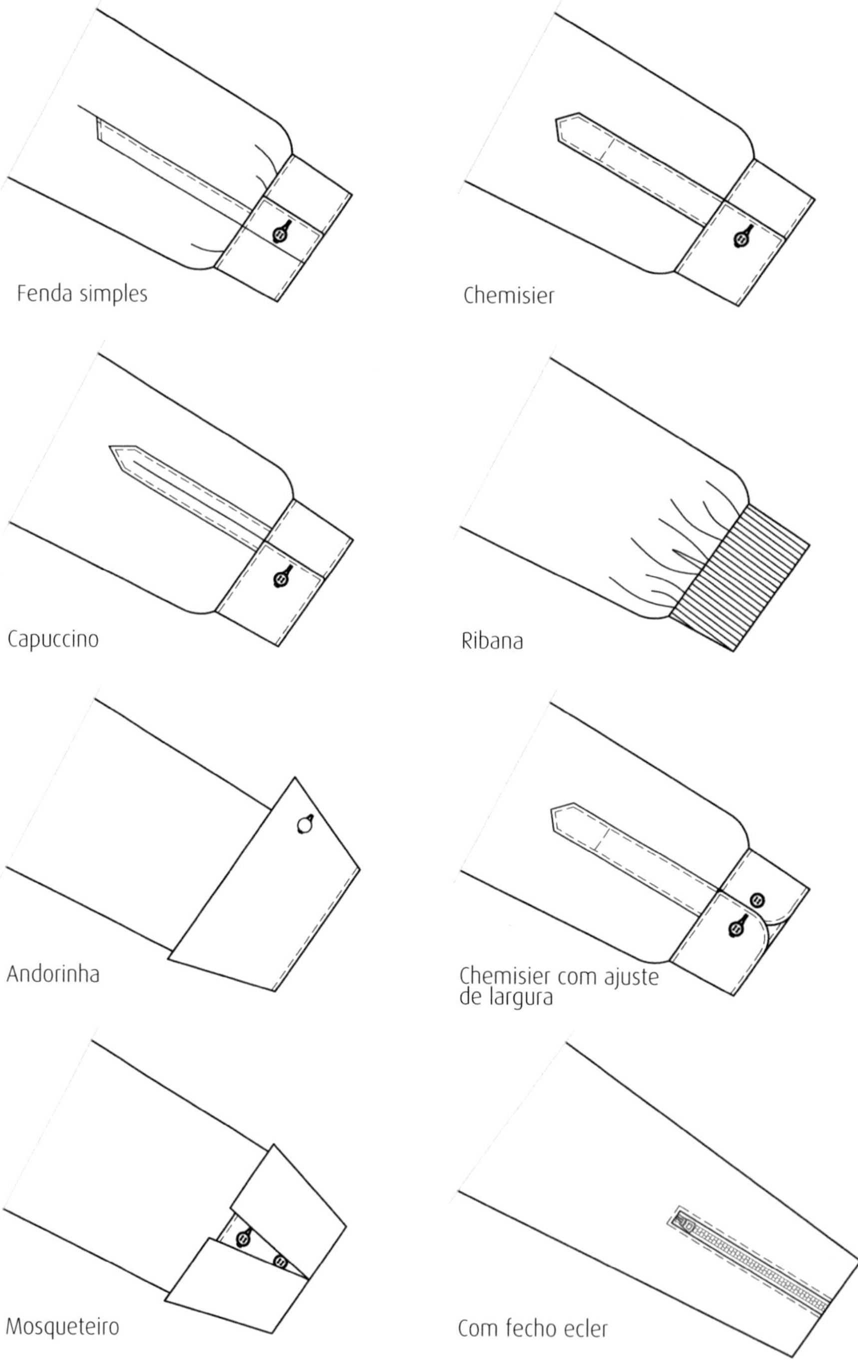

Linhas de bordas

As linhas de borda marcam o limite do comprimento da roupa. Definem seu desenho no encontro das costuras da parte da frente com a parte das costas, podendo ser arredondadas, angulosas, etc.

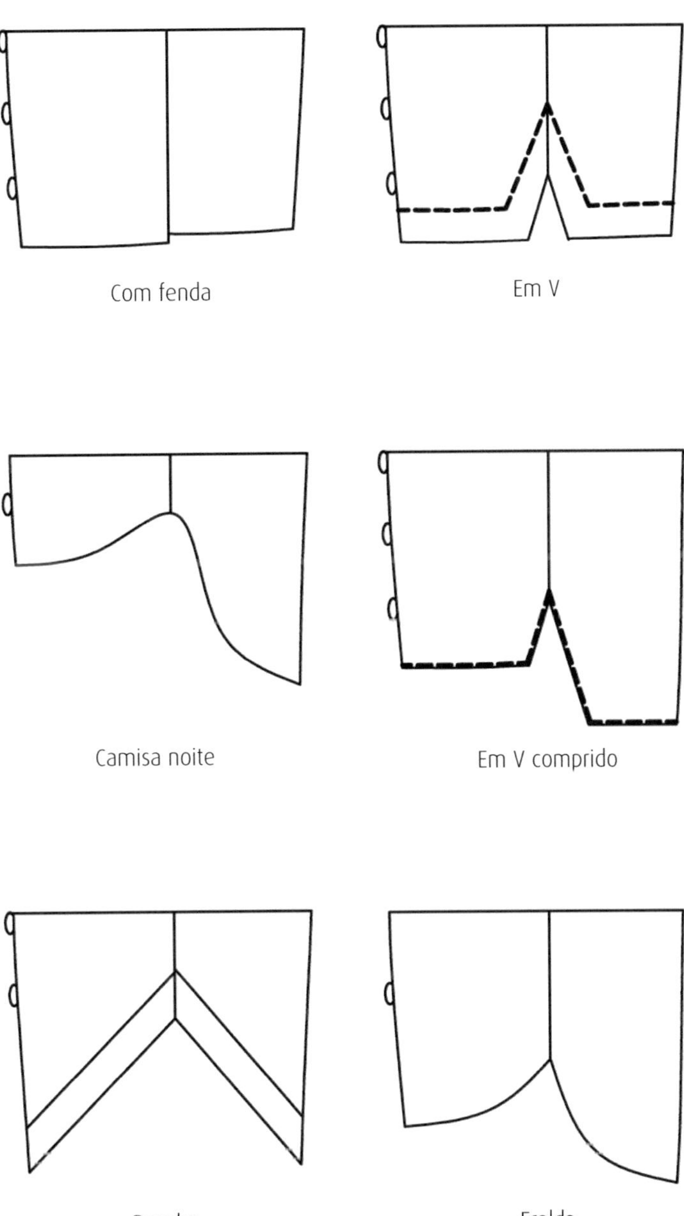

Galeria de modelos

Veremos agora como se desenham algumas peças básicas do vestuário feminino prêt-à-porter, tais como paletós, saias, calças e vestidos. Vale lembrar que cada tipo de roupa guarda suas características estruturais, apresentando uma silhueta. Outros recursos, como acabamentos, babados, guarnições, etc., agregam valor à roupa, definindo seu estilo.

Paletós

O paletó é uma roupa de construção muito elaborada. É desenhado sobre o tronco, variando em comprimento, da região da cintura até os quadris. Recursos de recortes e de pences são utilizados para acompanhar o desenho do corpo, tanto na frente como nas costas. Os modelos variam entre bem-ajustado ao corpo, solto, reto e mais alargado. O resultado depende da silhueta enfatizada no momento.

Nos ombros, em geral, recebe uma ombreira – que varia de tamanho em função do modelo –, para possibilitar a entrada de uma roupa por baixo. As mangas são modeladas de maneira a possibilitar o movimento de dobra do cotovelo. São utilizados recortes que acentuam a curvatura do braço, propiciando caimento.

Recorte princesa

Com aplicação de aba na cintura

Spencer

Jaquetão

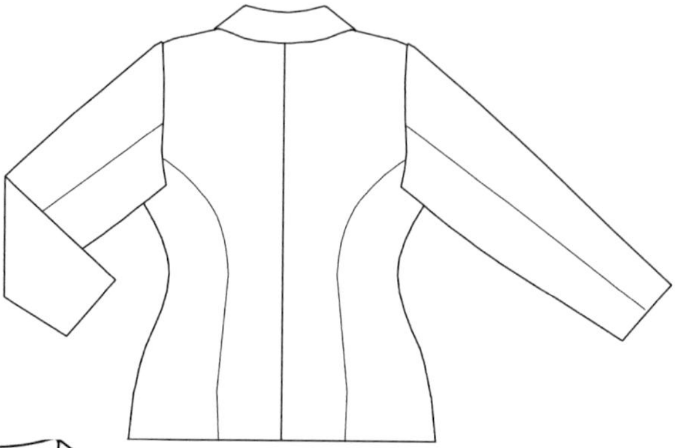

Cinturado

Bolero

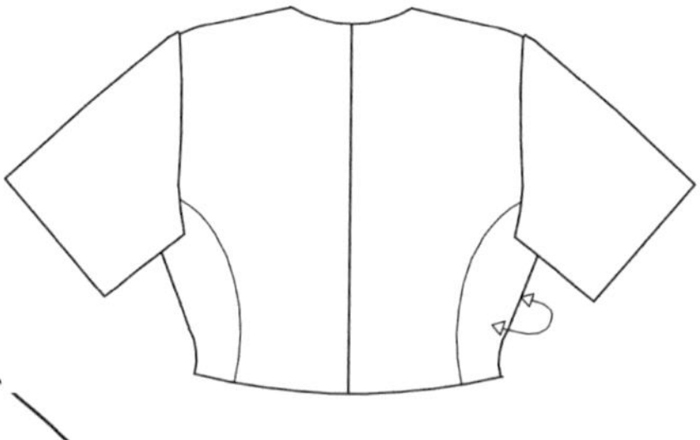

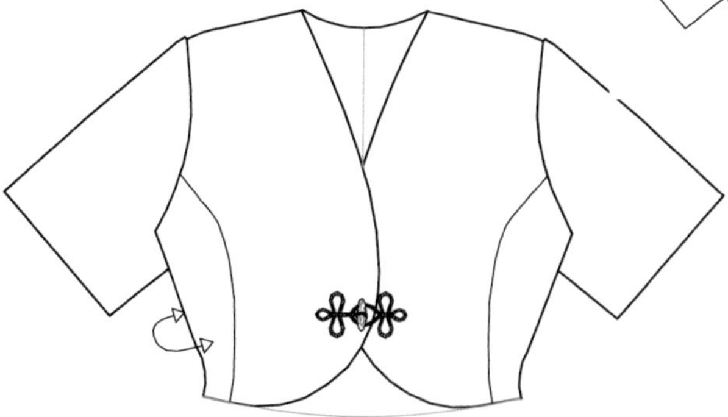

Com gola chale

Semicinturado com recorte recuado

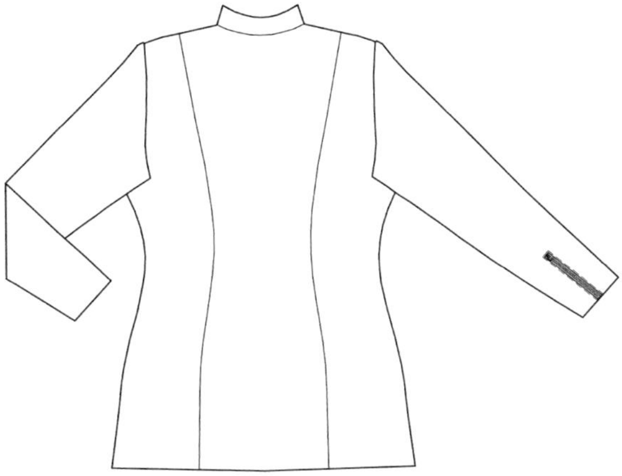

Oriental

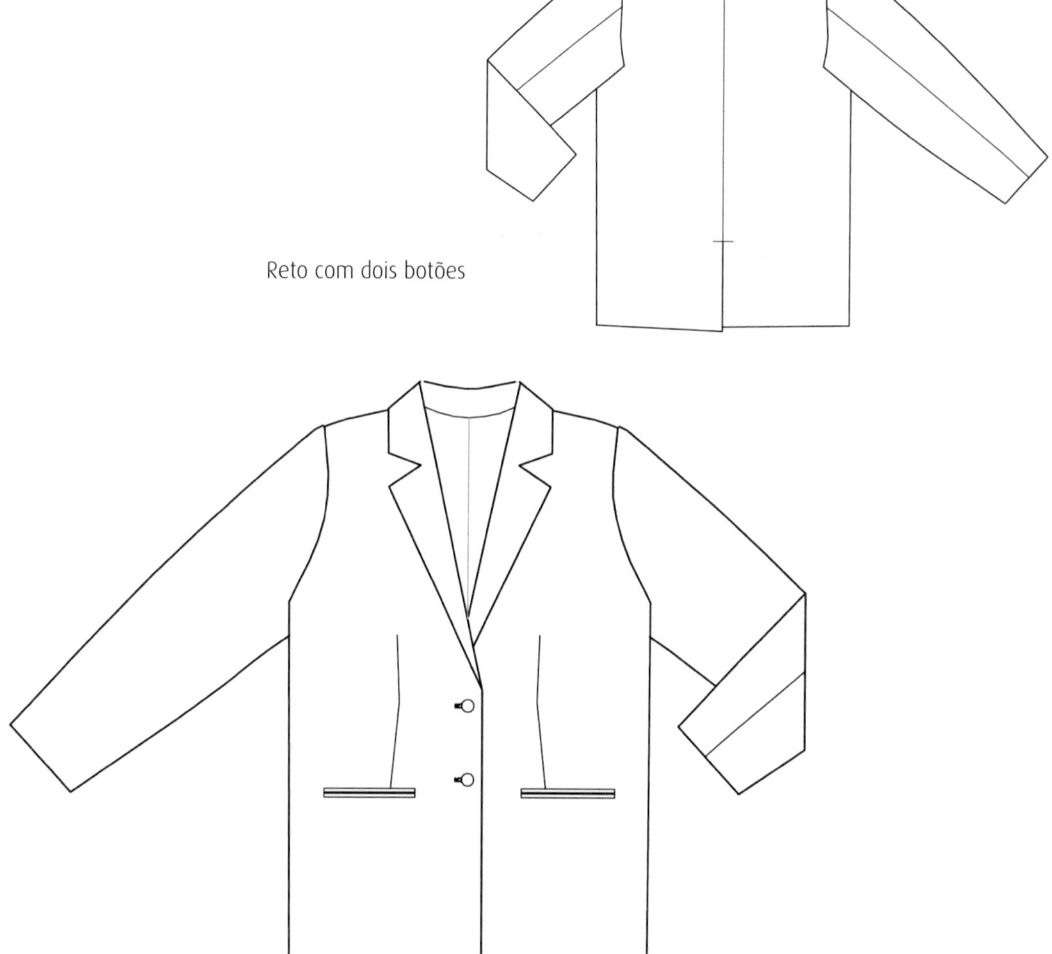

Reto com dois botões

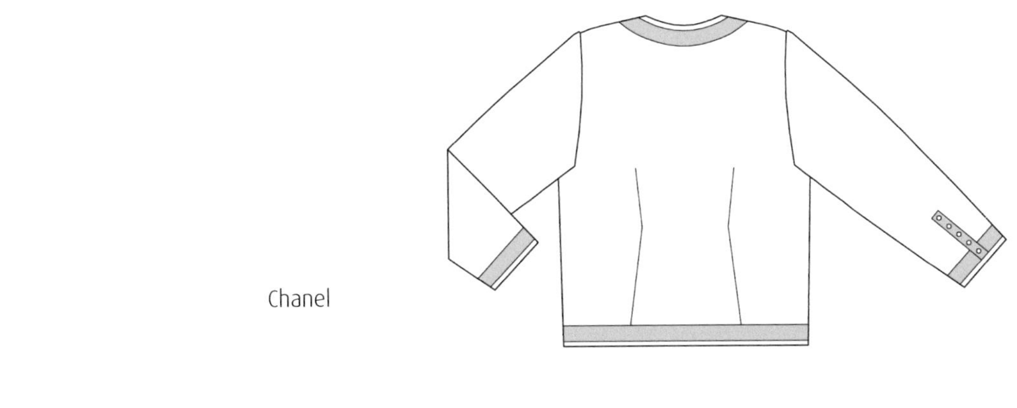

Chanel

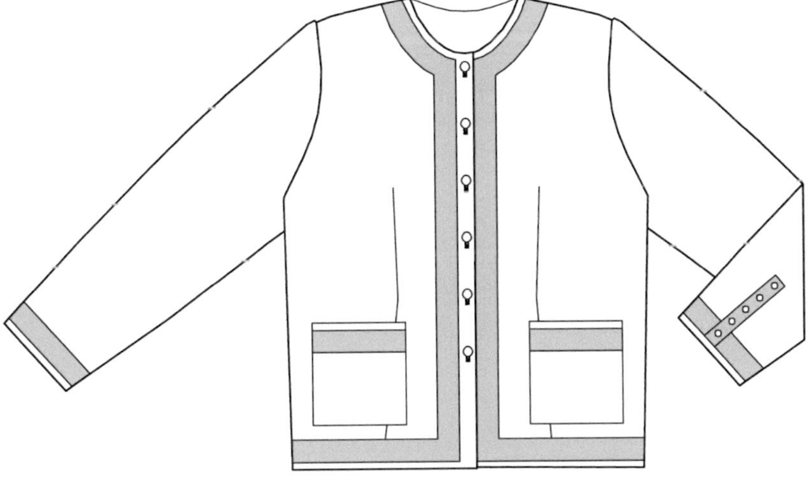

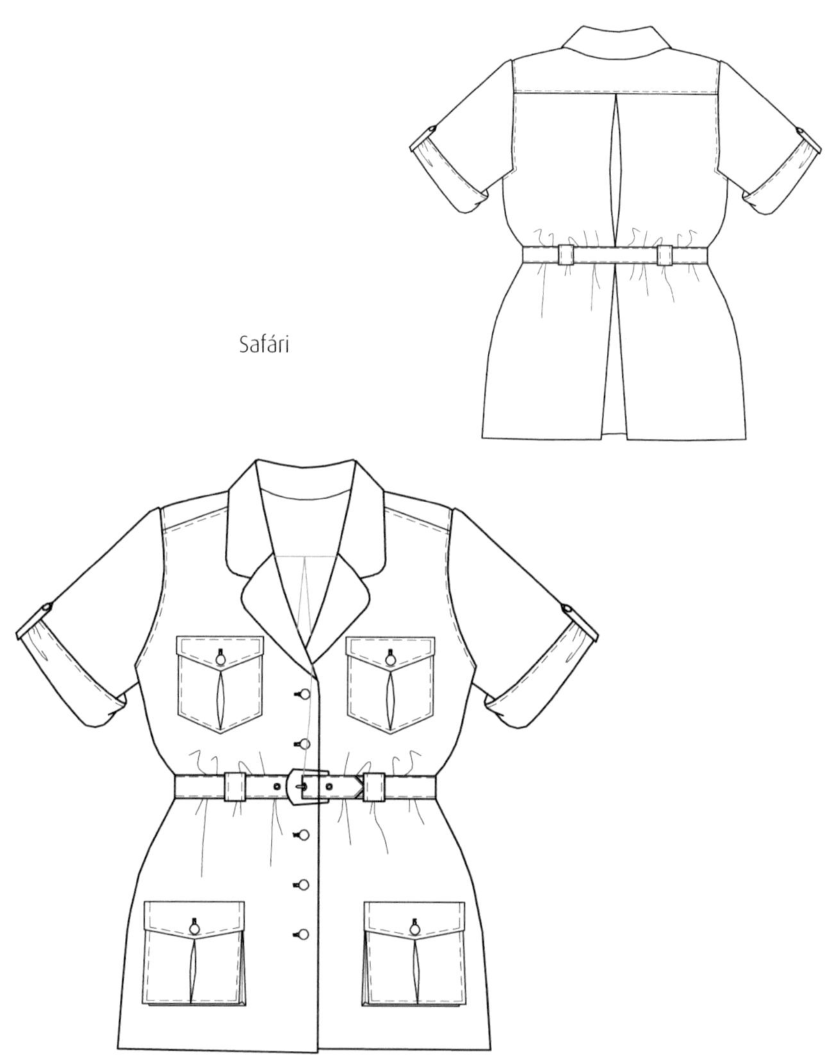

Safári

Oversize

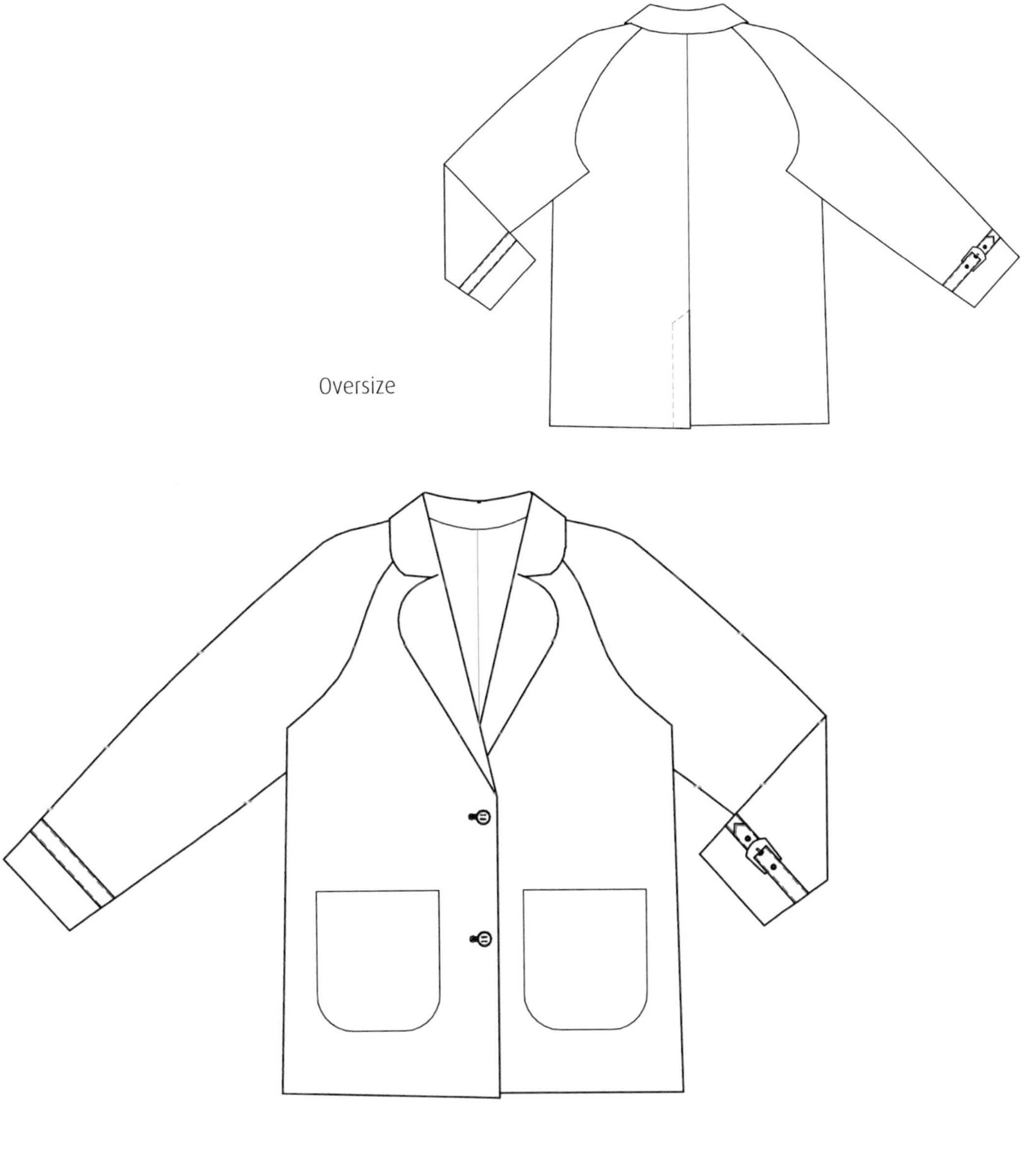

Mangas de paletós

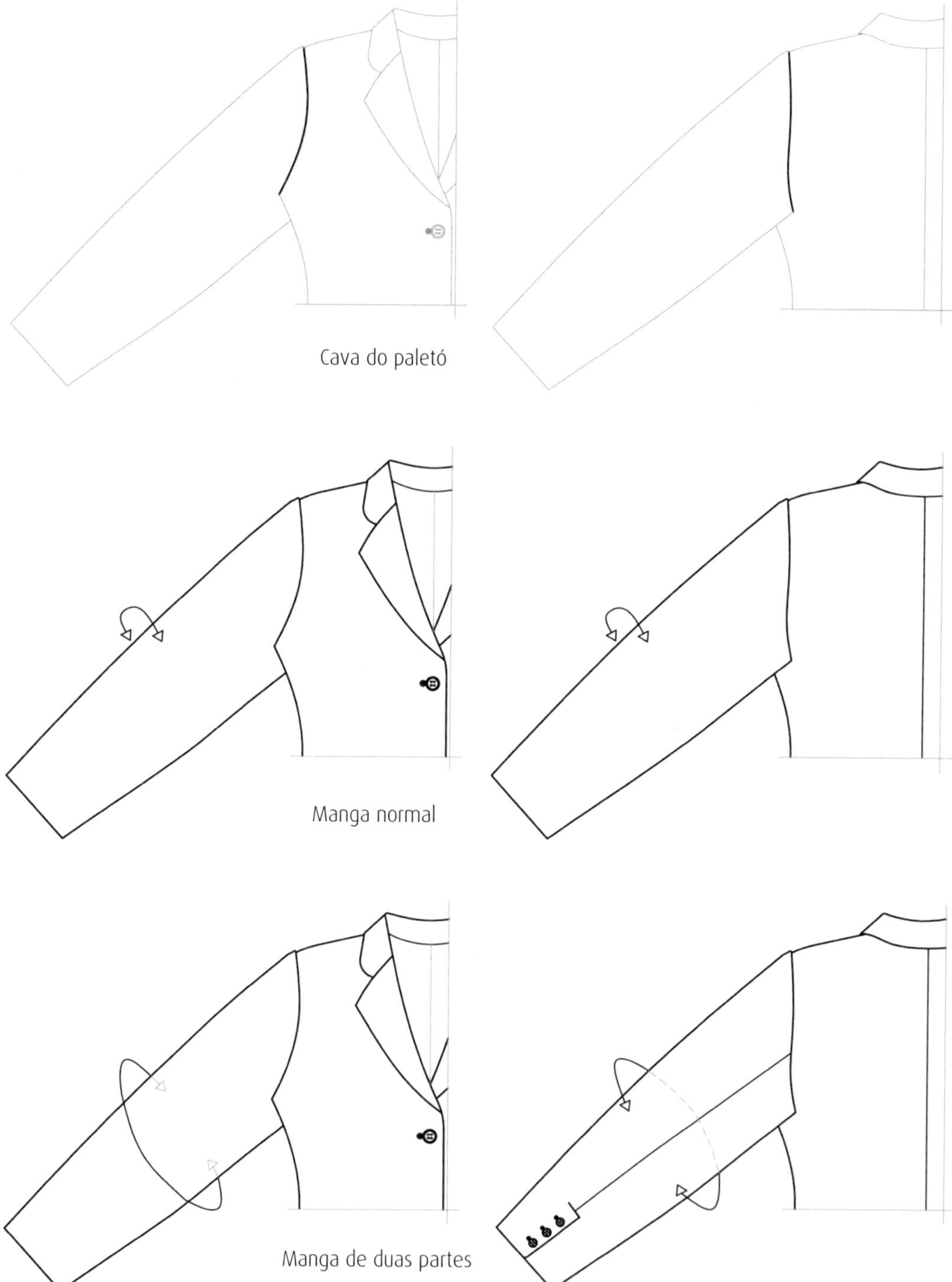

Cava do paletó

Manga normal

Manga de duas partes

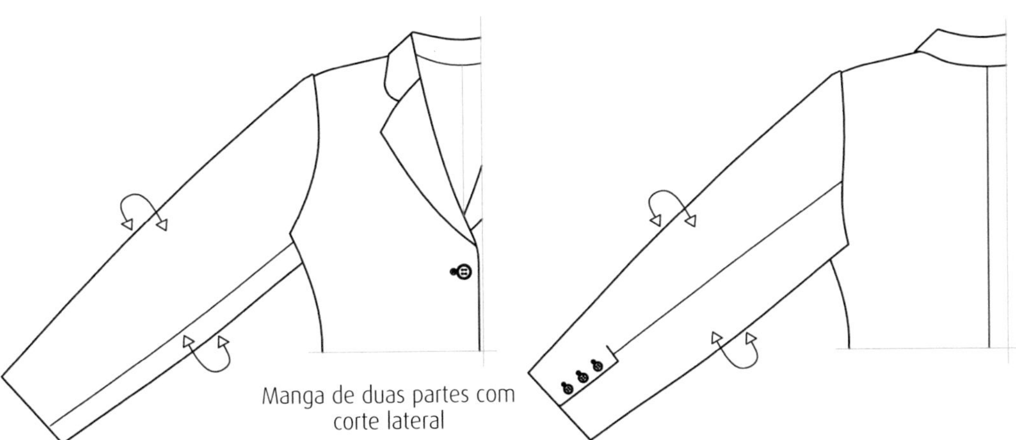

Manga de duas partes com corte lateral

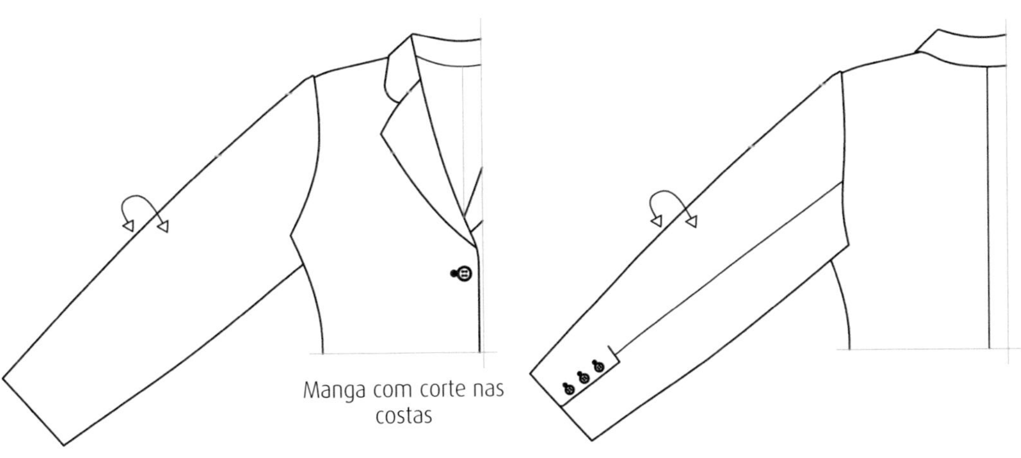

Manga com corte nas costas

Saias

Vestem as regiões da cintura e do quadril, cobrindo a articulação das pernas. Por isso, devem ser desenhadas de modo a indicar a liberação do movimento, o que pode ser obtido por meio de diferentes recursos, tais como fendas, pregas, babados, franzidos, enviesamento do tecido e outros.

Cintura alta

Pregueada

Plissada

Com pregas-macho

Com prega larga no centro

Recortada
Evasê
Pareô
Kilt

Franzida em camadas

Com elástico

Com taco aplicado

Reta com babado na borda

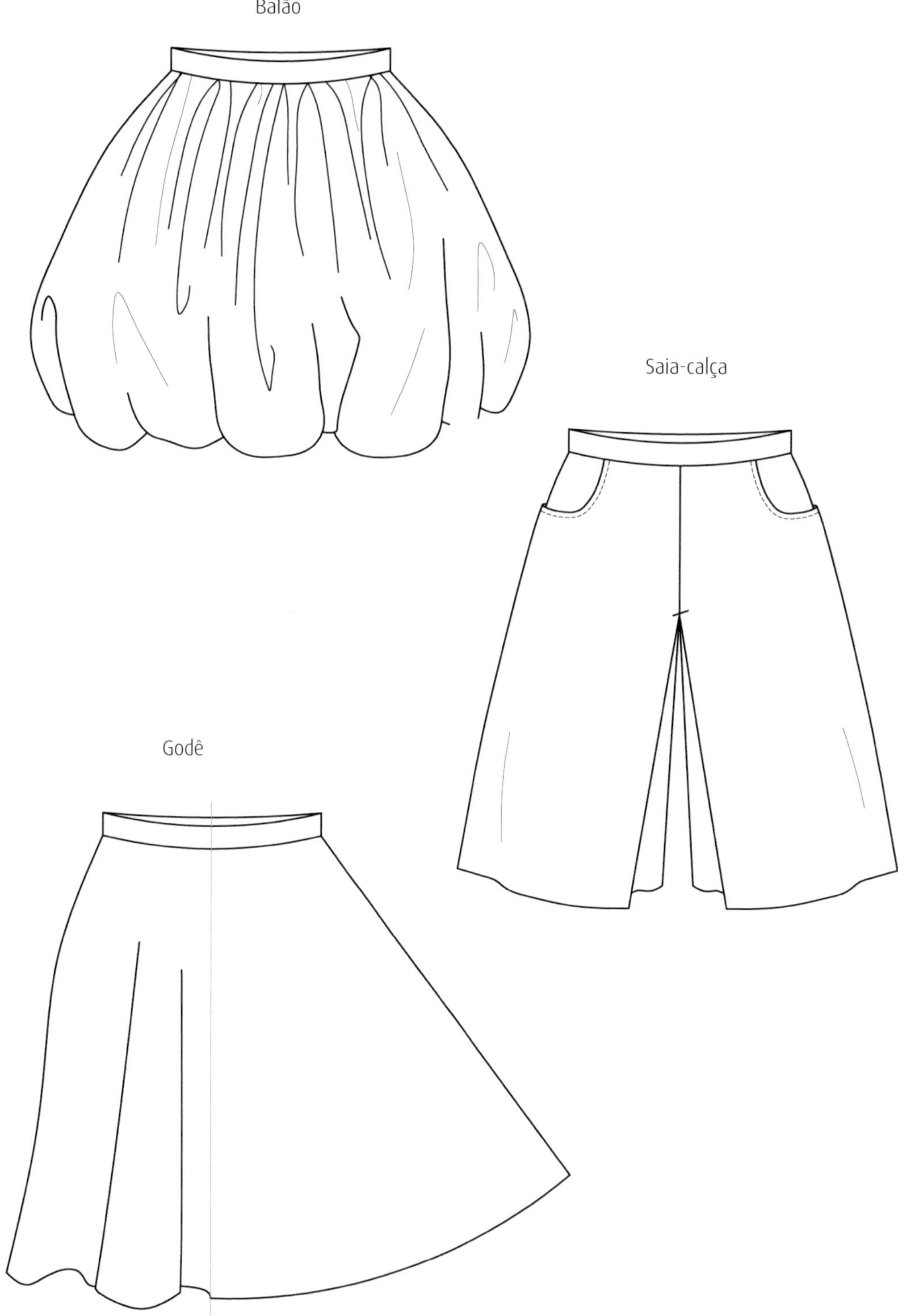
Balão
Saia-calça
Godê

Meio godê

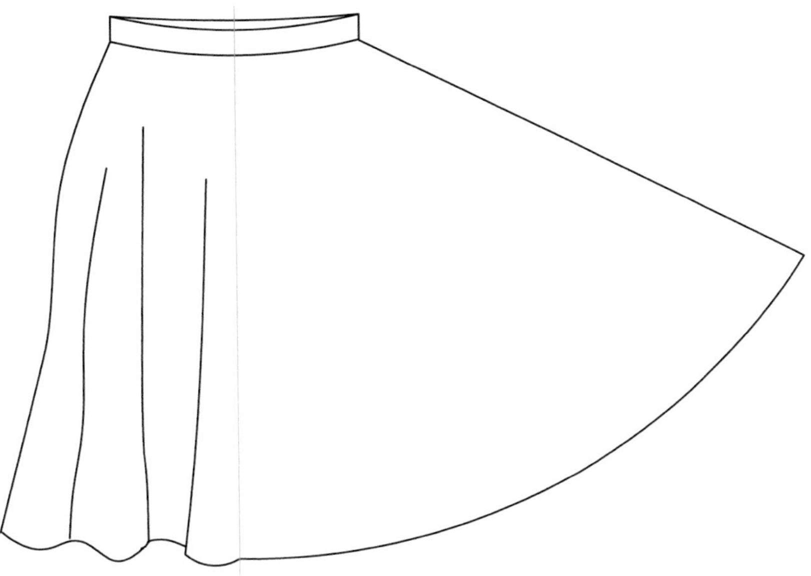

Godê inteiro

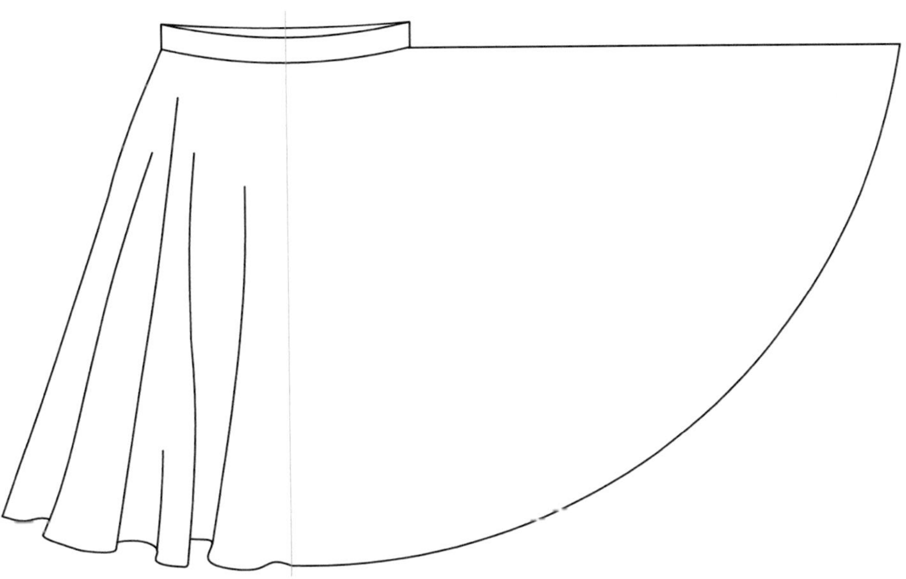

Calças

Parte das vestimentas que cobrem o corpo da cintura para baixo, envolvendo cada uma das pernas. Ligam-se às regiões do quadril e cintura por meio do gancho, que é desenhado nas entrepernas. Assim como nas saias, o desenho das calças deve solucionar, por meio de pences, franzidos, palas, etc., as diferenças de largura entre cintura e quadril. Shorts, bermudas e knickers têm a mesma estrutura das calças, variando apenas em comprimento.

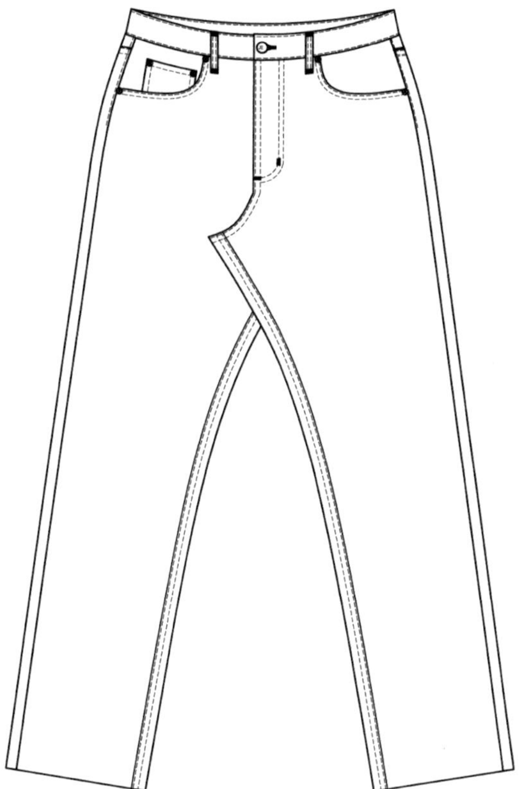

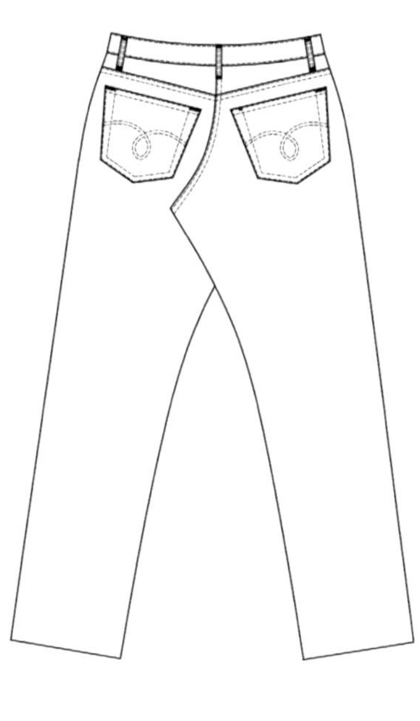

Americana tradicional

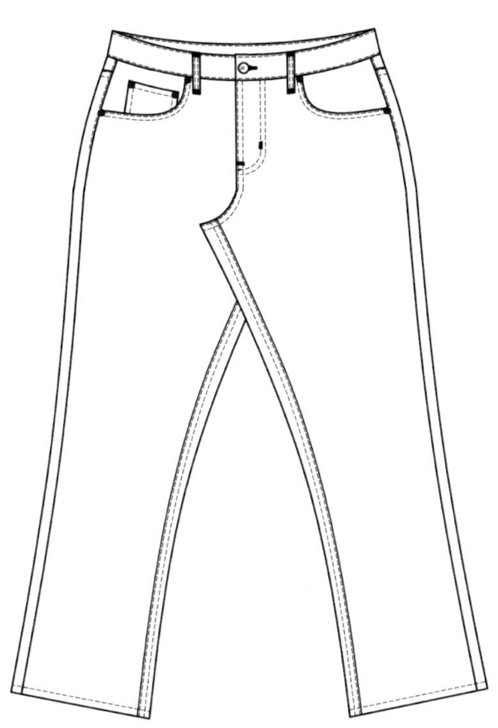

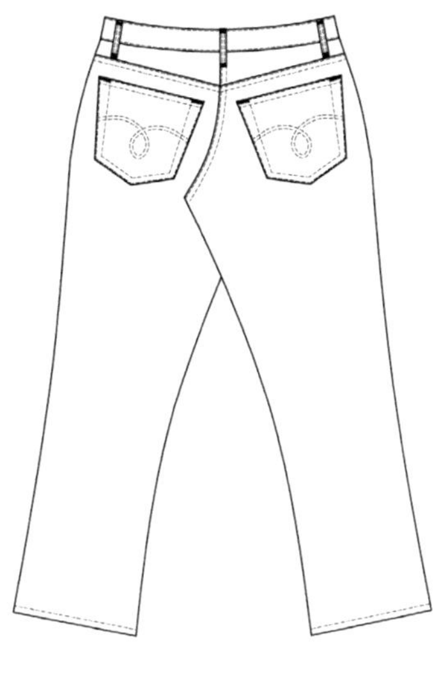

Americana cintura baixa/capri

Justa com fecho lateral

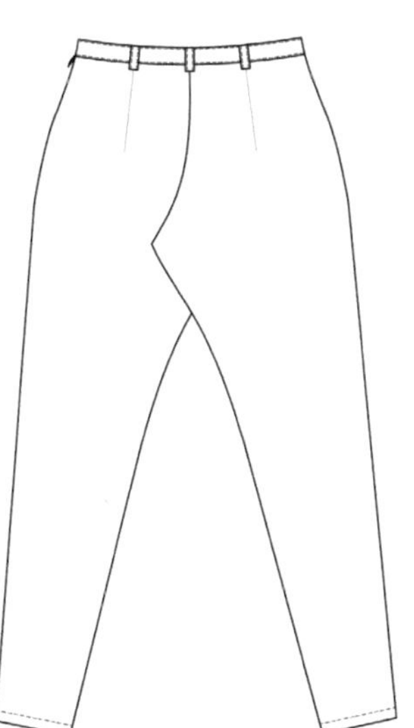

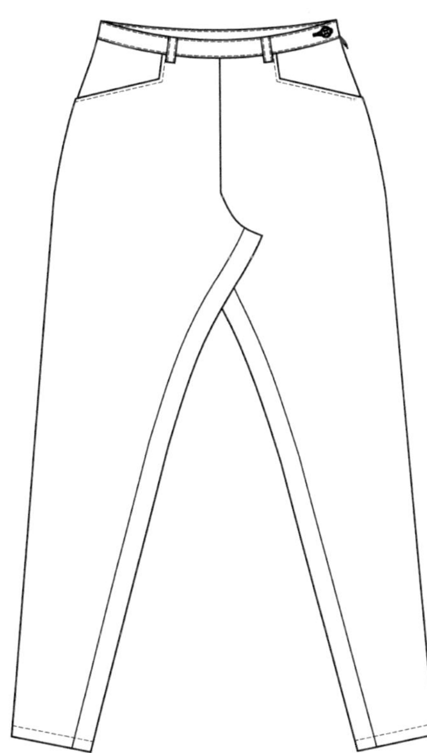

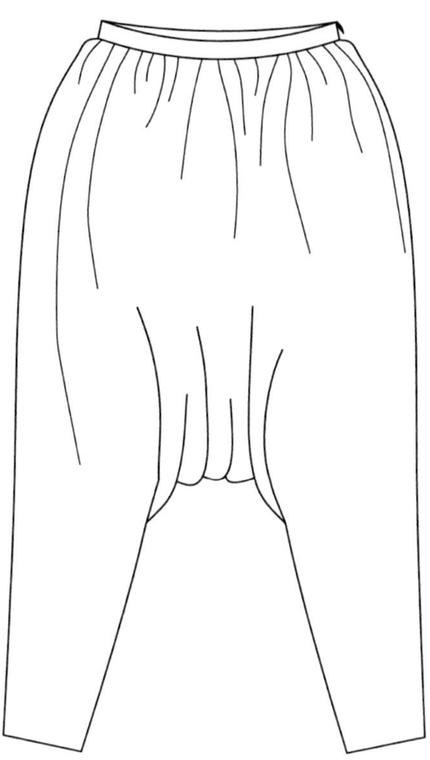

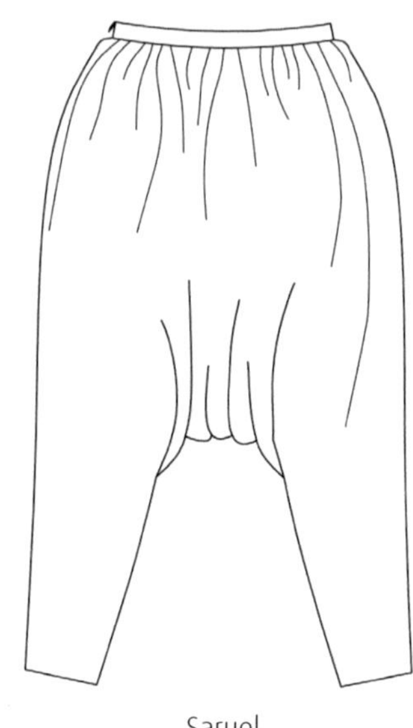

Saruel

Clássica bainha inglesa

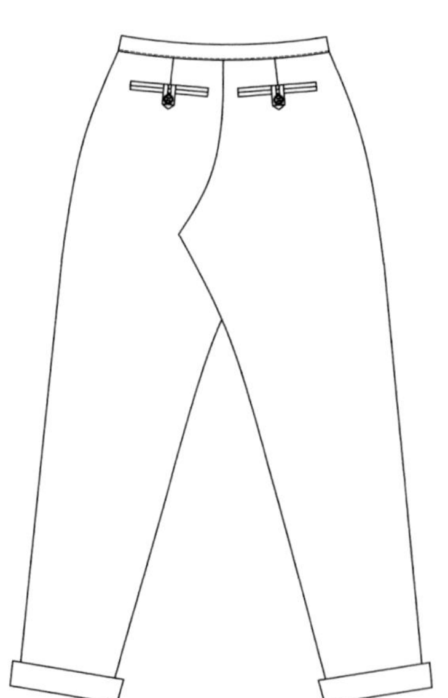

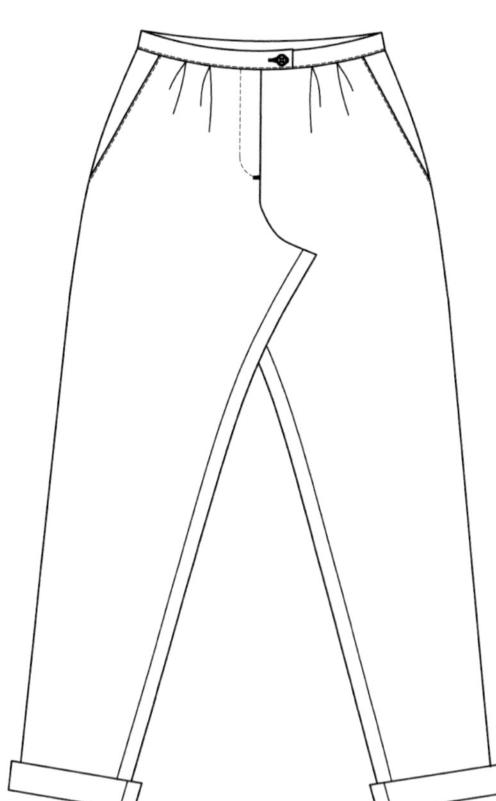

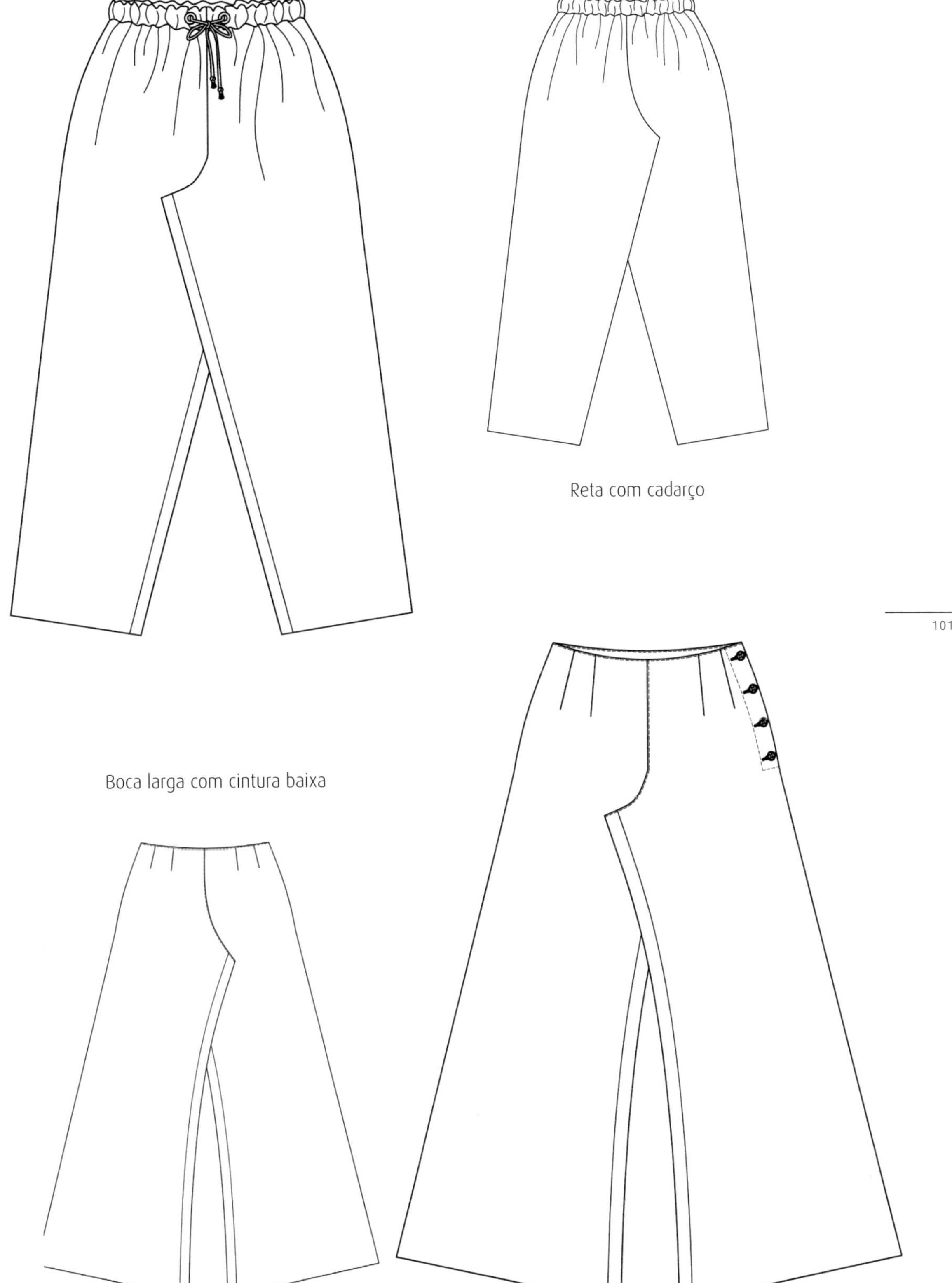

Reta com cadarço

Boca larga com cintura baixa

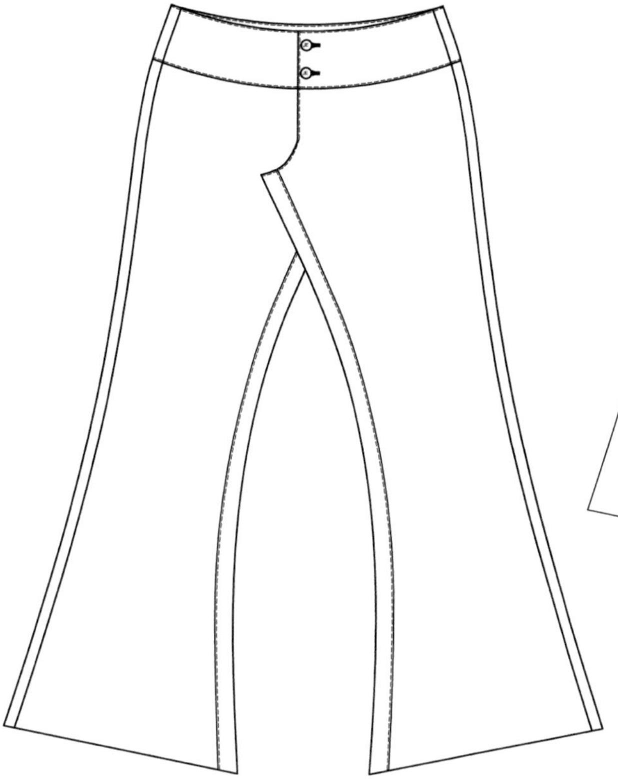

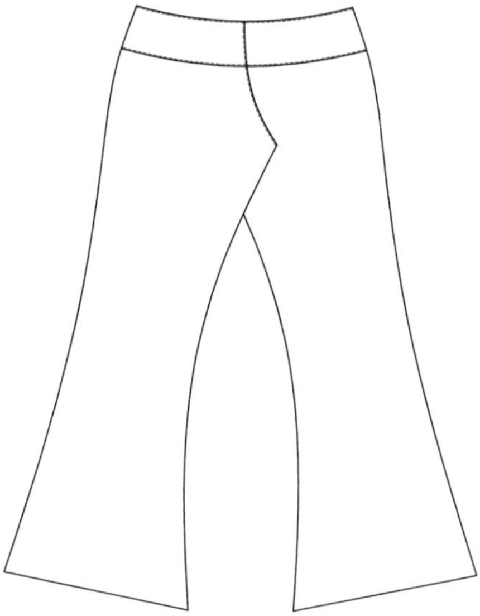

Cintura baixa boca-de-sino

Cintura baixa marinheiro

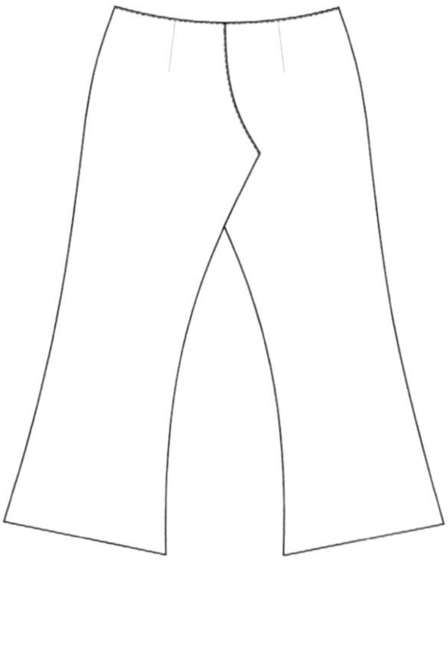

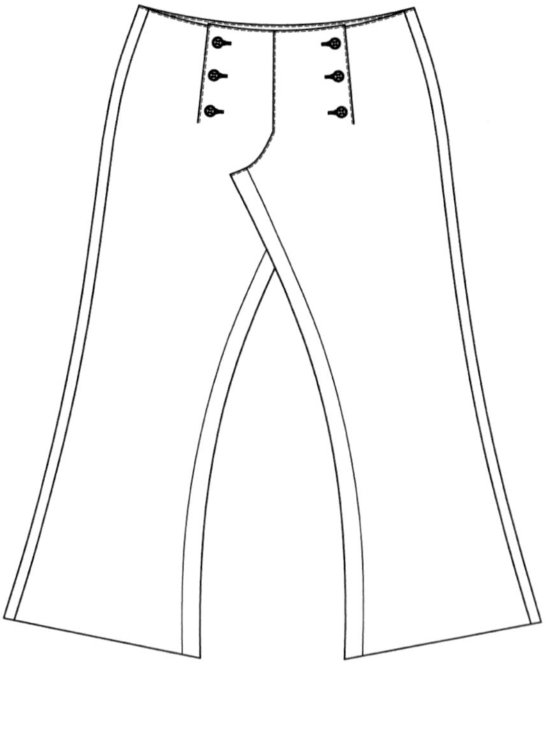

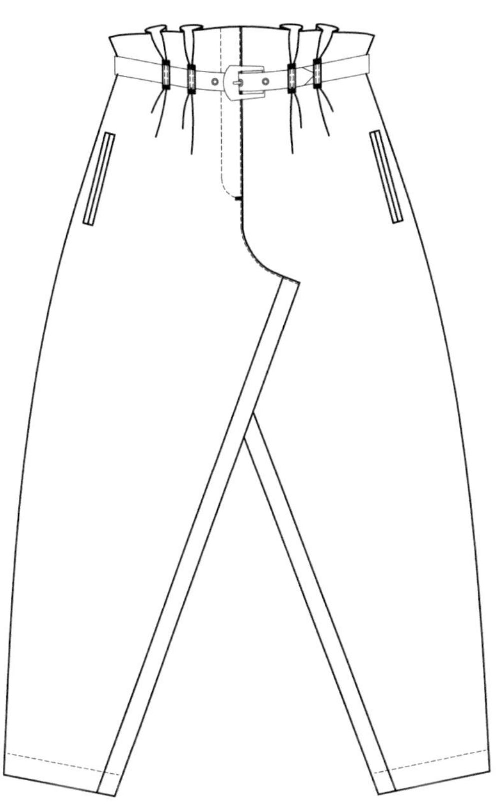

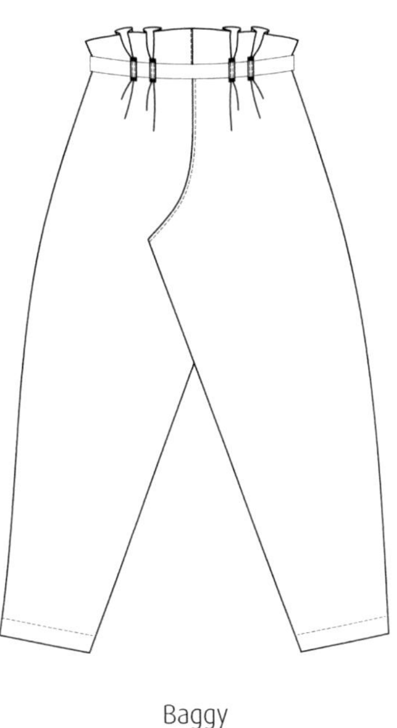

Baggy

Knicker

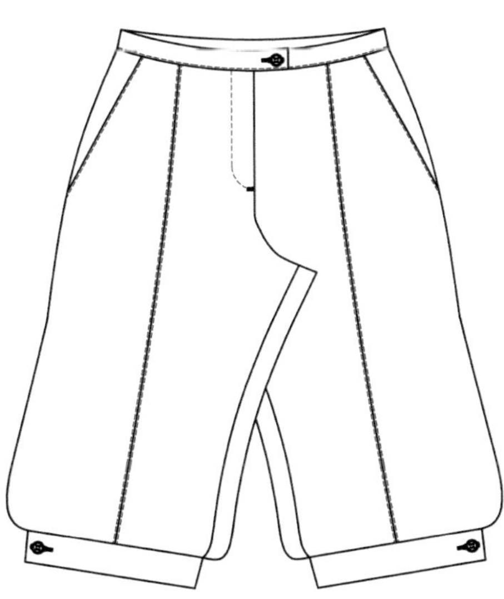

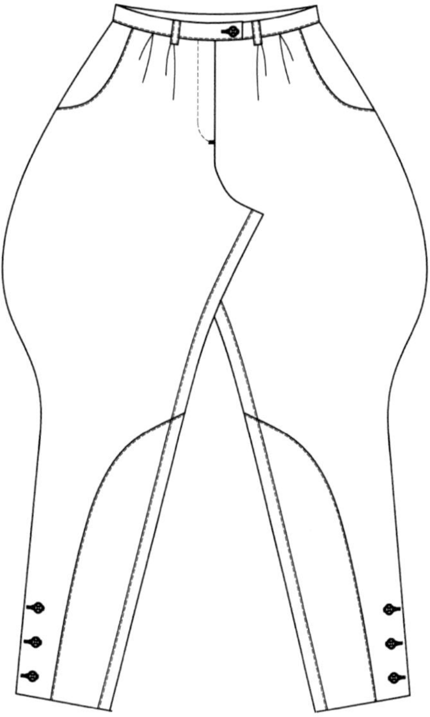

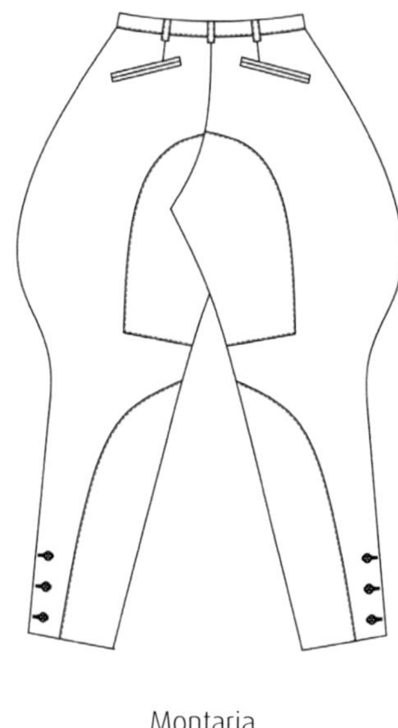

Montaria

Bermuda

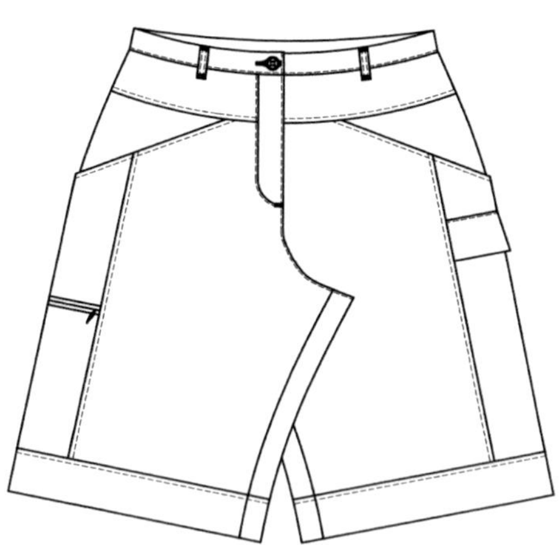

Vestidos

Na sua forma mais primitiva, o vestido era apenas um tecido que cobria o corpo. Pousado sobre os ombros e caindo em direção aos pés, era usado tanto por homens como por mulheres. Os vestidos podem ser estruturados inteiramente sobre o corpo ou recortados na cintura, divididos em saia e blusa.

Trapézio

Império

Godê

Tubo de alças

Evasê

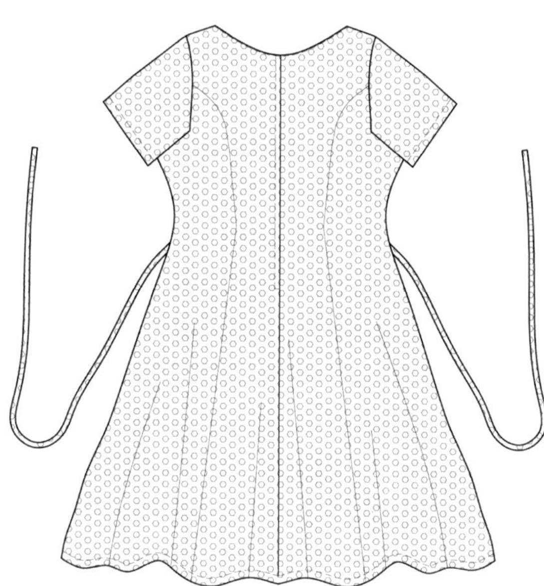

Princesa

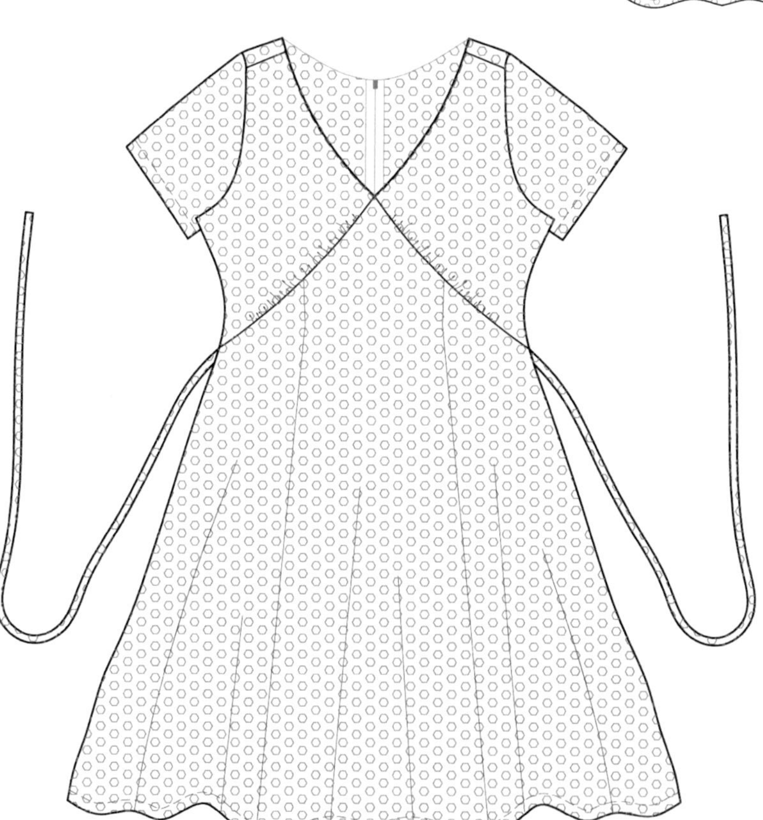

Camisas e blusas

As peças da roupa que cobrem a parte superior do corpo podem ser desenhadas com variados comprimentos e recursos de costura, como pences e recortes, que se ajustam à silhueta sinuosa do corpo feminino.

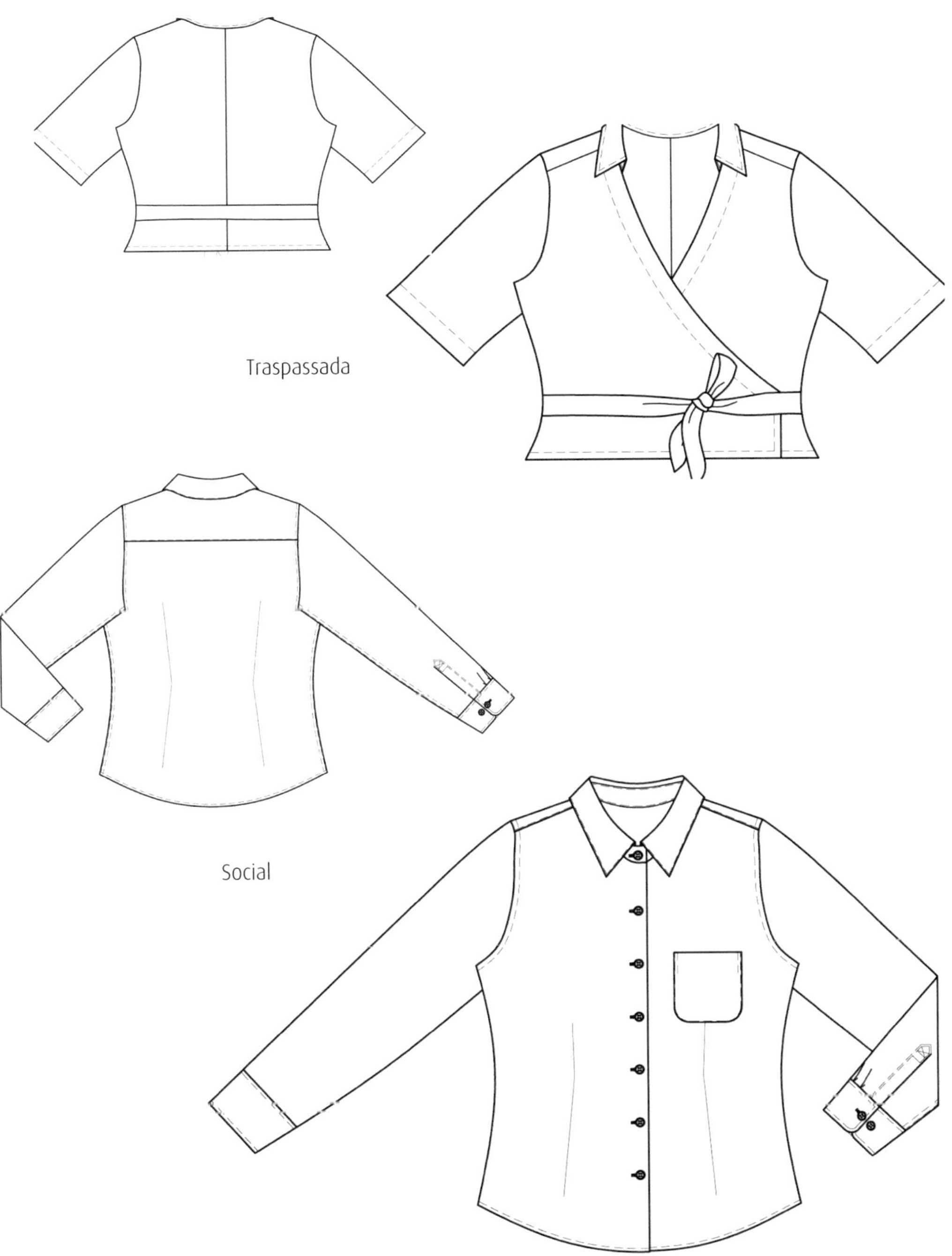

Com recorte abaixo do busto

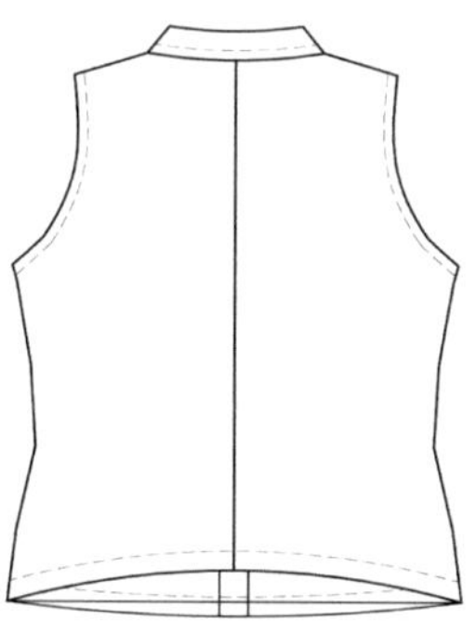

Cava americana

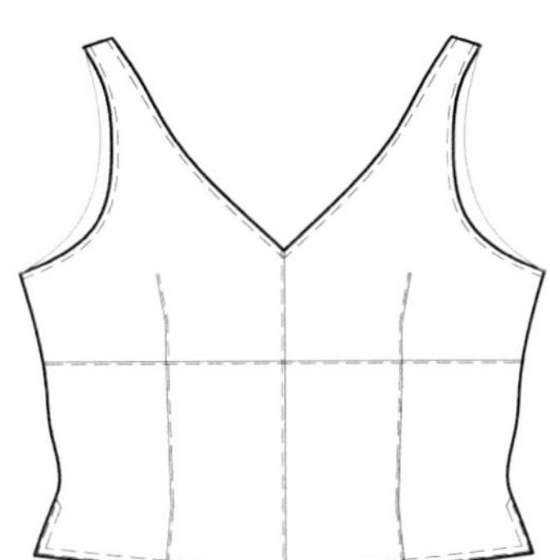

Top com alças

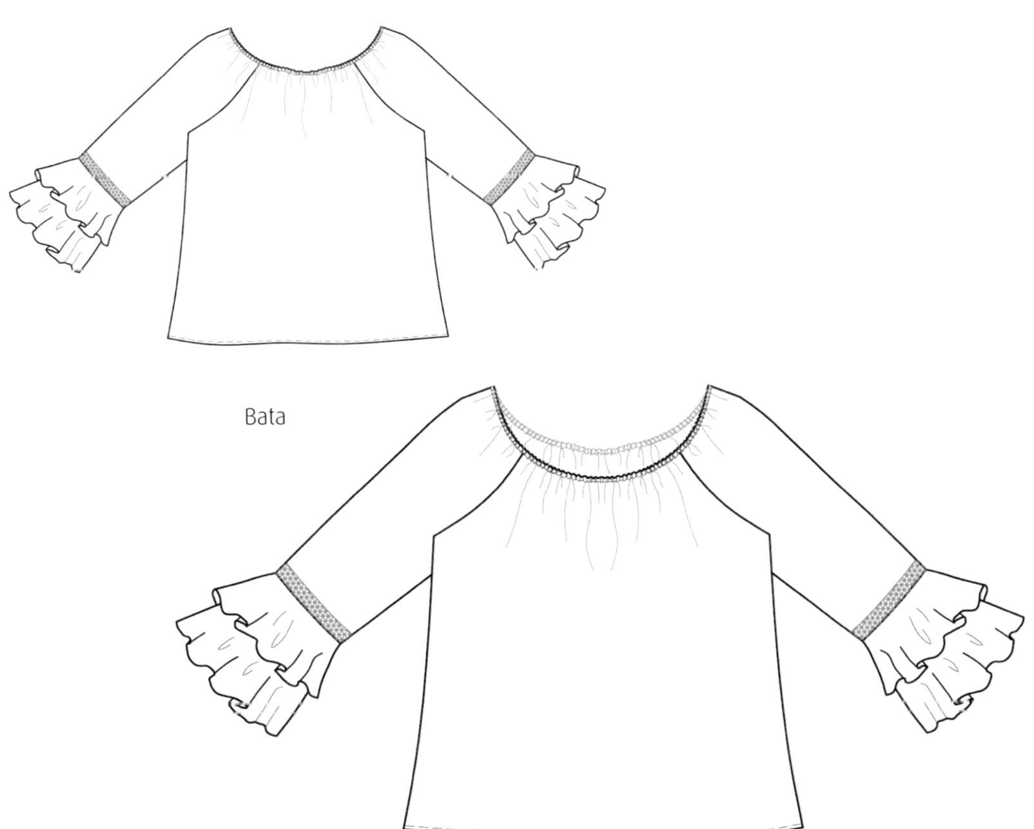

Bata

Recursos de panejamento

Alguns recursos são muito utilizados para valorizar e criar efeitos nas roupas. São pregas, franzidos, babados, cascatas e drapeados. Apresentamos agora o passo a passo para a construção desses recursos, nos casos em que é necessário representar o volume do tecido.

Chama-se panejamento o resultado do caimento do tecido obtido por meio das formas de corte, arrumação e costura. Esses recursos ocorrem na estruturação da roupa ou nos detalhes de acabamento. Uma saia, por exemplo, pode ser toda pregueada ou ter apenas uma parte pregueada na barra. Nas blusas, esses recursos podem ser aplicados nas mangas, nos decotes e nas golas. Veja, a seguir, alguns recursos de panejamento aplicados a saias, blusas, vestidos, calças e paletós.

Pregas

São dobras retas, presas apenas na parte de cima e abertas embaixo. Podem se apresentar de diversas maneiras.

Pregas simples

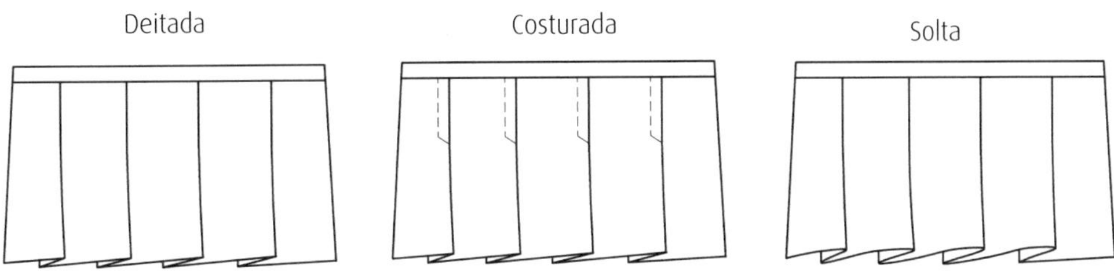

Pregas macho

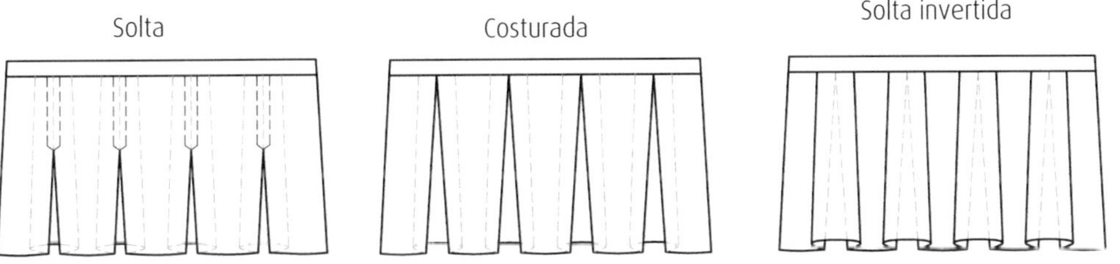

Plissados

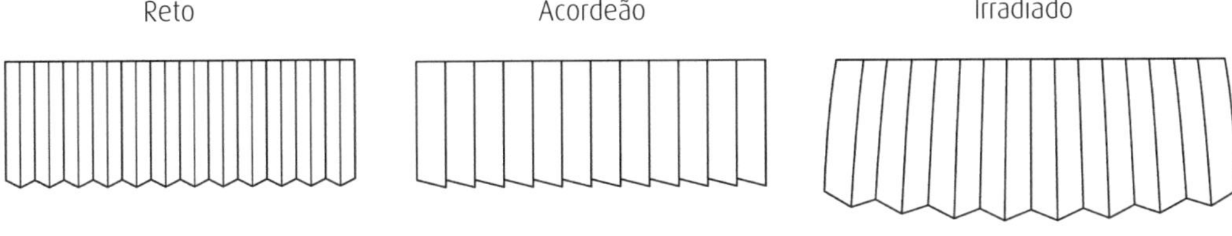

Nervura

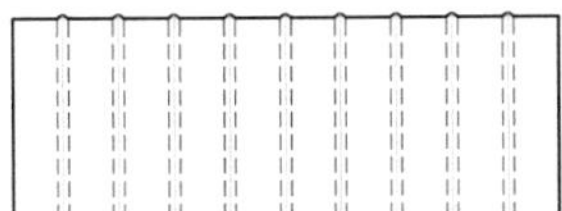

Babados

Podem ser obtidos por meio de franzimento ou pelo corte enviesado do tecido. A seguir, o passo a passo da construção do babado.

1 – Traçar duas paralelas na altura desejada para o babado.

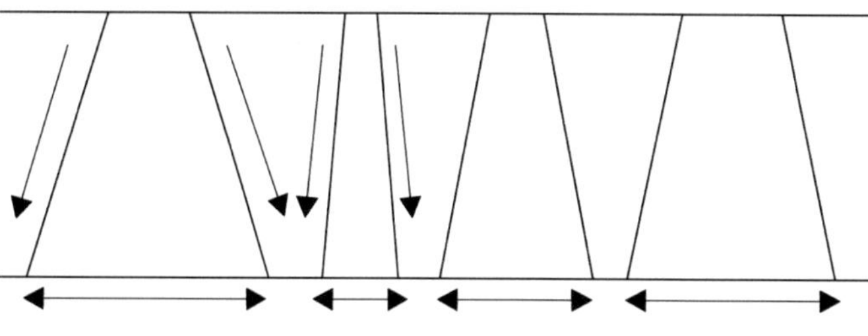

2 – Irradiar de cima para baixo pares de linha com larguras variadas.

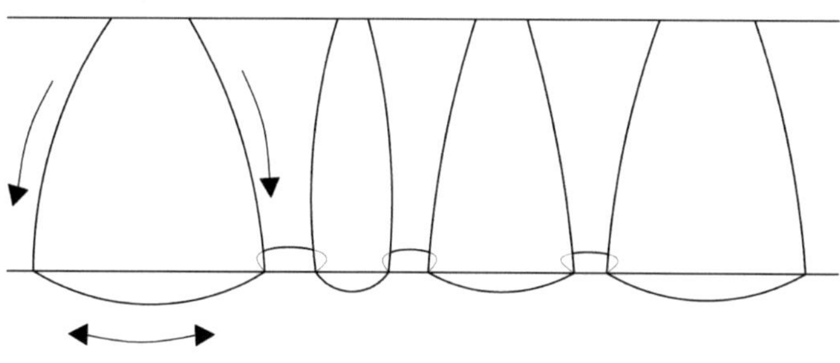

3 – Arredondar as linhas.

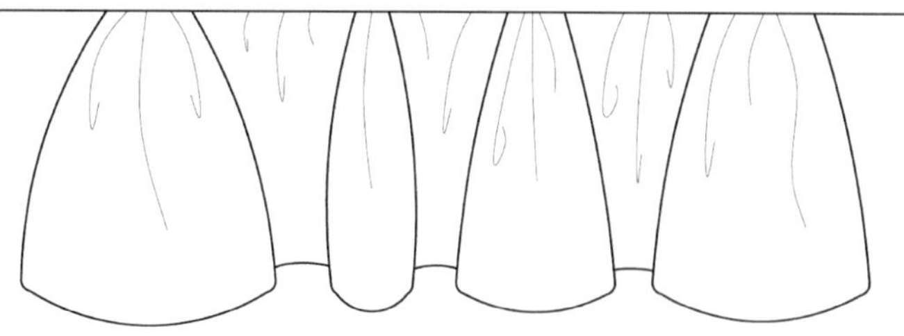

4 – Criar linhas menores irradiadas em curva.

Franzido

Técnica que permite fazer uma ondulação no tecido, por meio de um fio, como na figura a seguir. Ao ser puxado, o fio traz junto o pano.

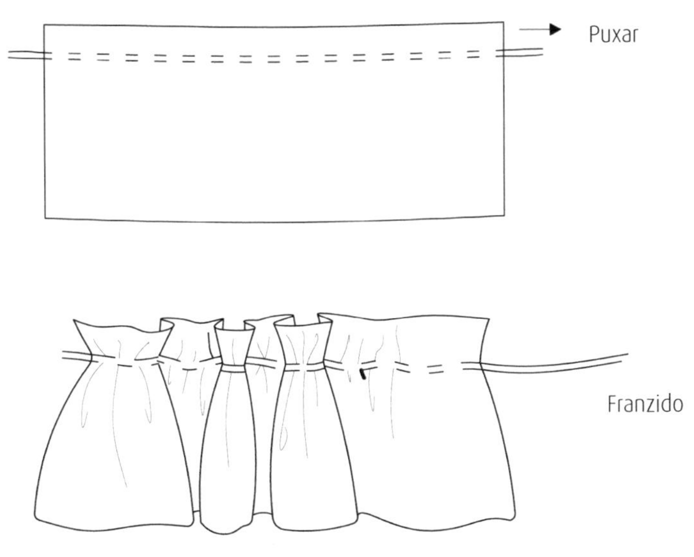

Godê

Recurso de panejamento obtido por meio do corte enviesado do tecido.

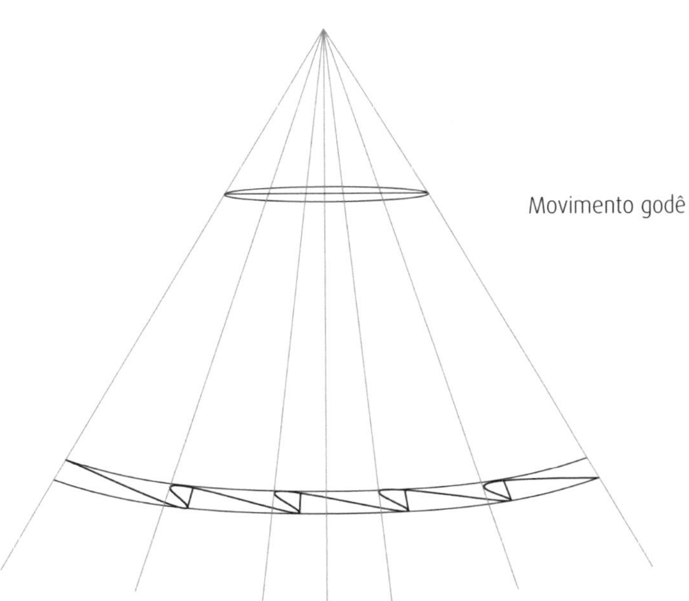

Cascata

Efeito de babado produzido pelo enviesamento do tecido, com caimento no sentido vertical. A seguir, o passo a passo.

1 – Traçar um eixo na direção desejada **A**, **B**. Puxar da extremidade uma linha diagonal **A**, **C**.

2 – Da ponta da linha **C**, desenhar uma linha ondulada, passando pelos pontos **D**, **E**, **F** e **B**.

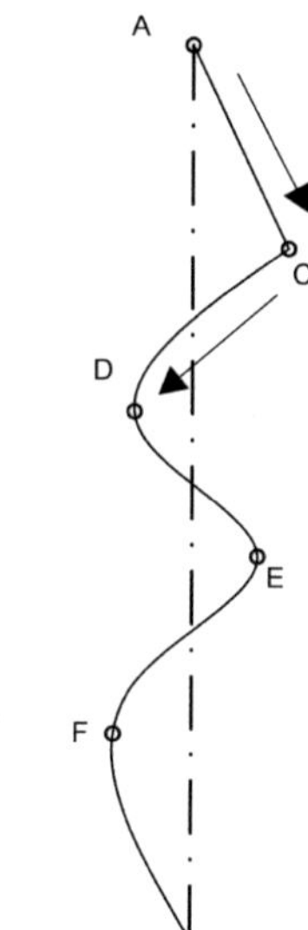

3 – Dos pontos **D**, **E**, **F** e **B**, ligar as linhas em direção ao ponto **A**.

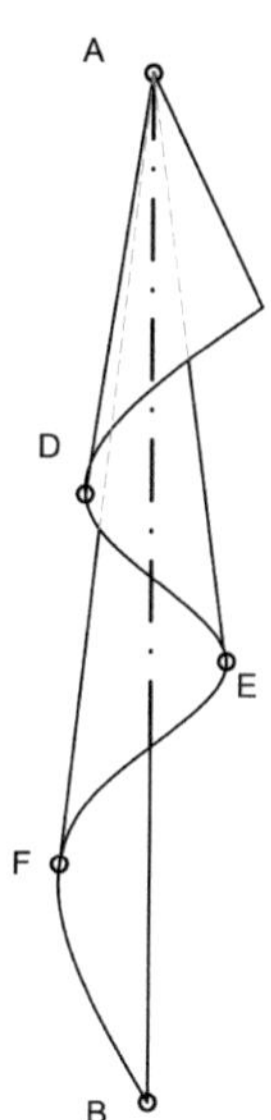

4 – Aplicar a cascata, distribuindo-a no decote.

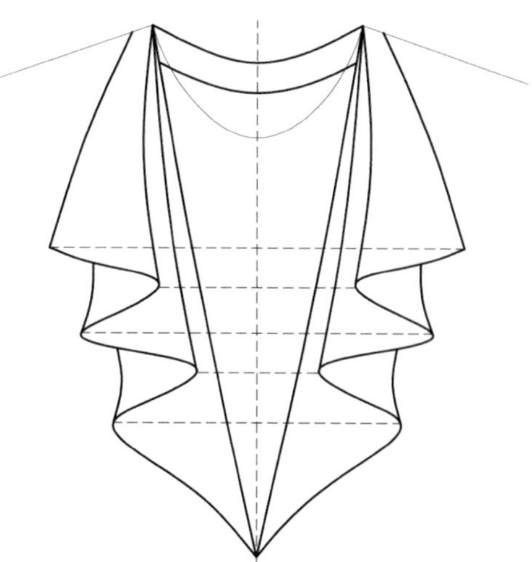

5 – Efeito da cascata no decote.

Drapeado

É a forma que resulta quando o tecido é preso nas extremidades de suas larguras, caindo solto. A seguir, o passo a passo do drapeado aplicado em um decote.

1 – Sobre a base, traçar o eixo de simetria e marcar pontos com alturas variadas. Puxar, desses pontos, linhas em direção ao ombro em ângulos aleatórios.

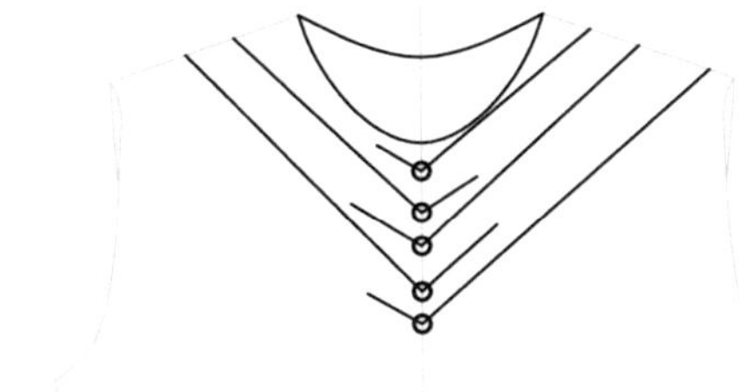

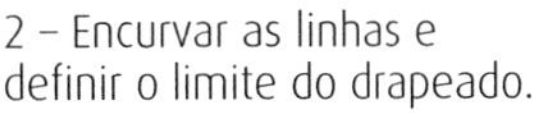

2 – Encurvar as linhas e definir o limite do drapeado.

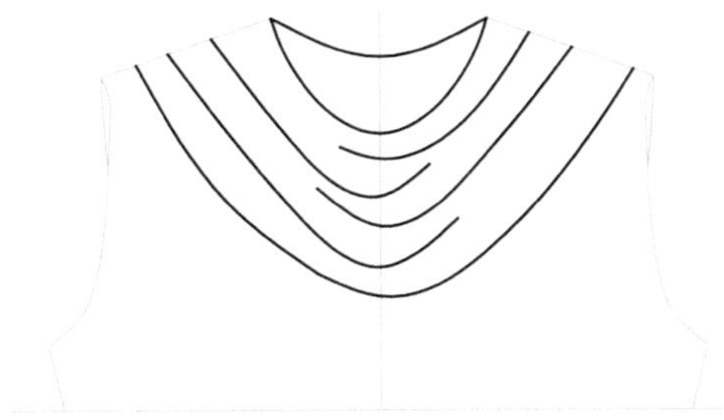

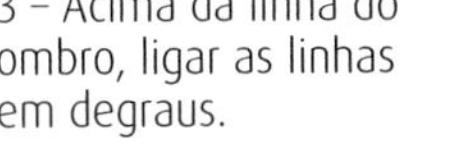

3 – Acima da linha do ombro, ligar as linhas em degraus.

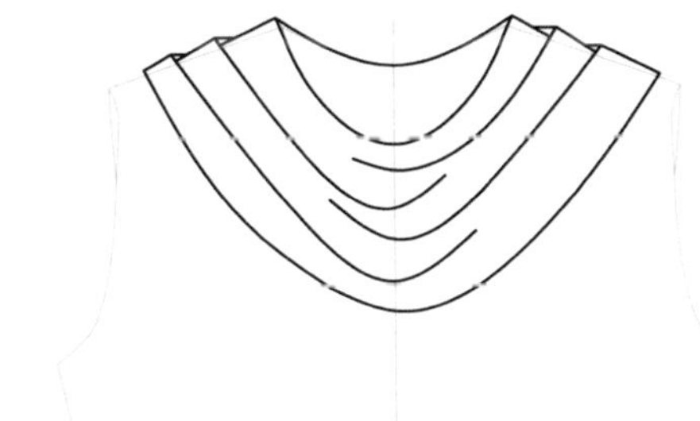

4 – Detalhe da linha de ombro.

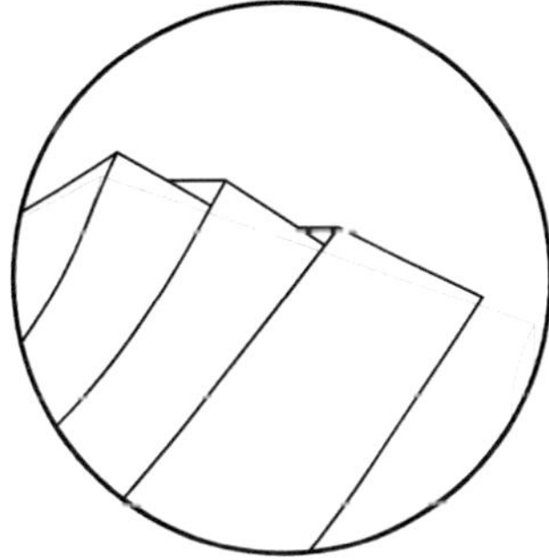

5 – Criar linhas mais suaves para dar volume.

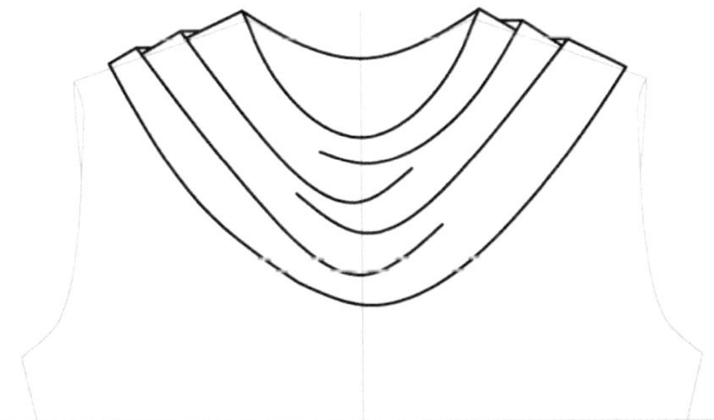

Fechamentos e acessórios

Veremos a seguir formas de fazer o acabamento em fechamentos das roupas, tais como braguilhas e amarrações diversas. Veremos também as diferentes possibilidades de construções de bolsos.

Para a roupa ter funcionalidade, não basta apenas uma boa modelagem. Alguns detalhes e acessórios são necessários para facilitar o seu uso e torná-la confortável. Esses elementos também diferenciam o traje e informam sobre estilos e tendências. Algumas vezes, podem ser apenas decorativos.

Abotoamentos

Podem ser feitos por meio de botões, fechos, amarrações, fivelas e adesivos. Veja, a seguir, alguns acessórios que têm essa função.

Braguilha

Abertura feita com o objetivo de acomodar as larguras do quadril à cintura, permitindo que a roupa entre e saia do corpo confortavelmente. Tanto pode ser usada em calças como em saias.

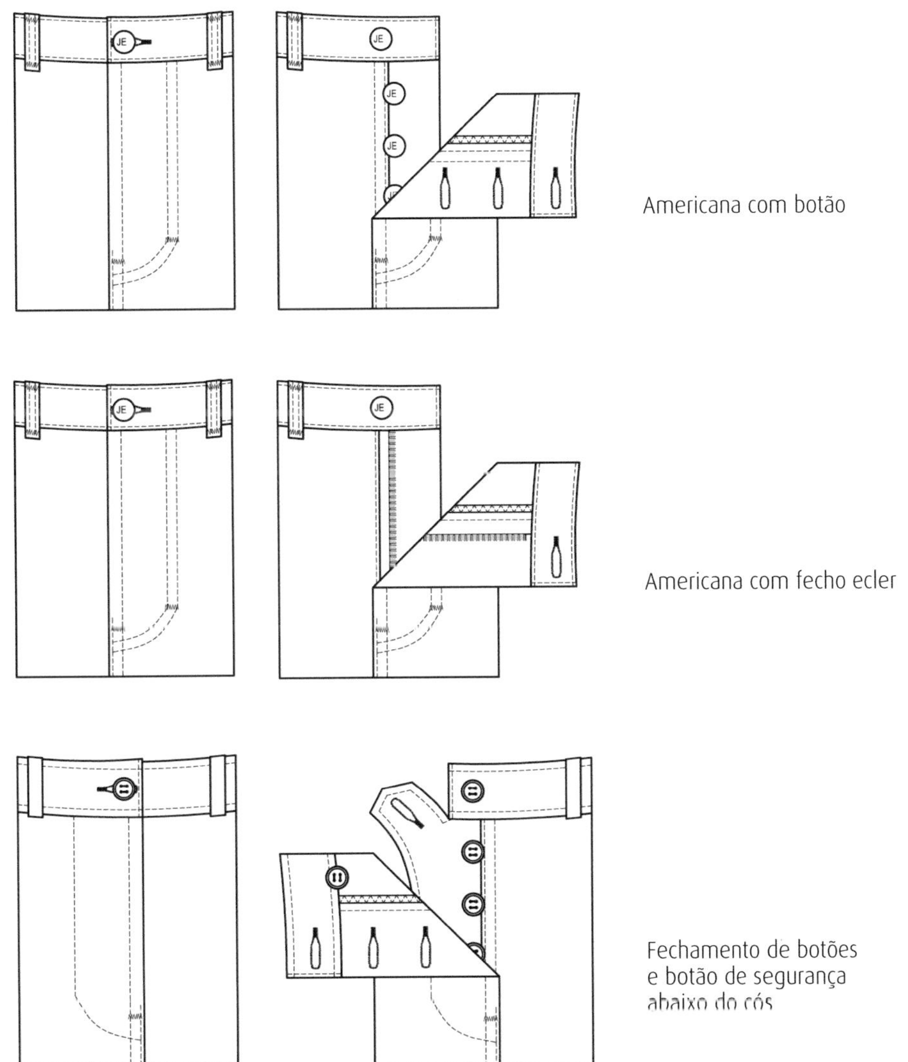

Americana com botão

Americana com fecho ecler

Fechamento de botões e botão de segurança abaixo do cós

Fecho ecler invisível

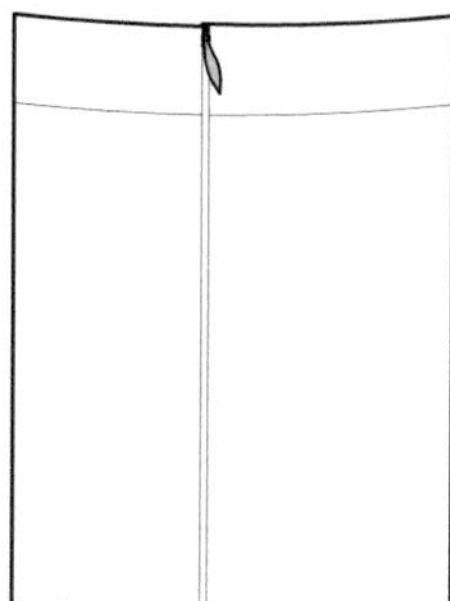

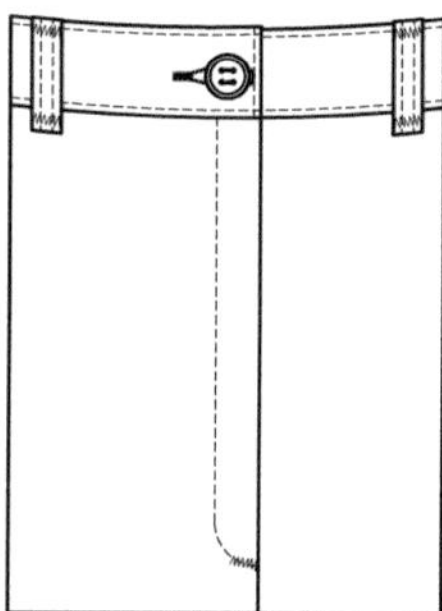

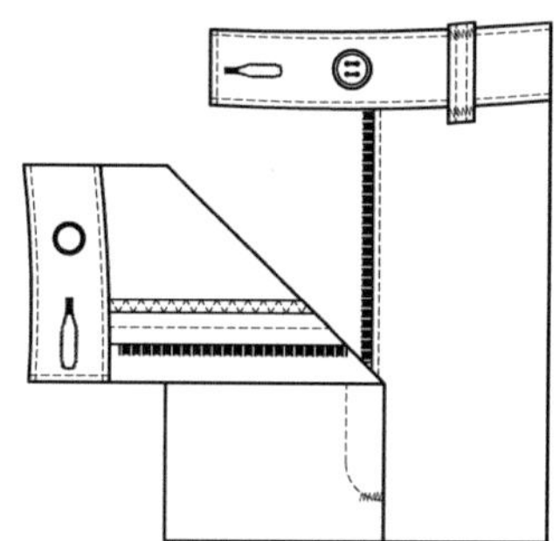

Simples com fecho ecler fino e botão de segurança no cós

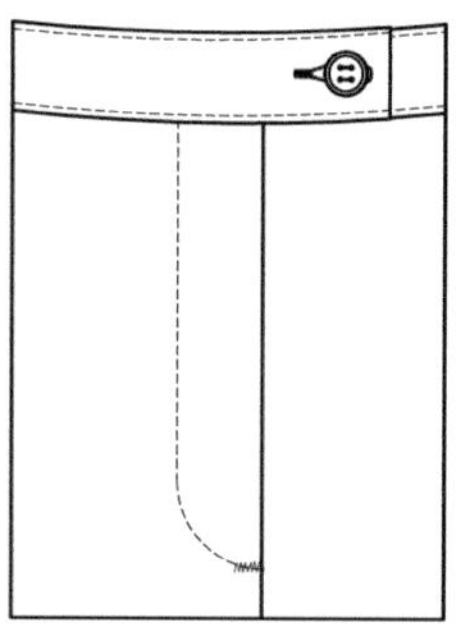

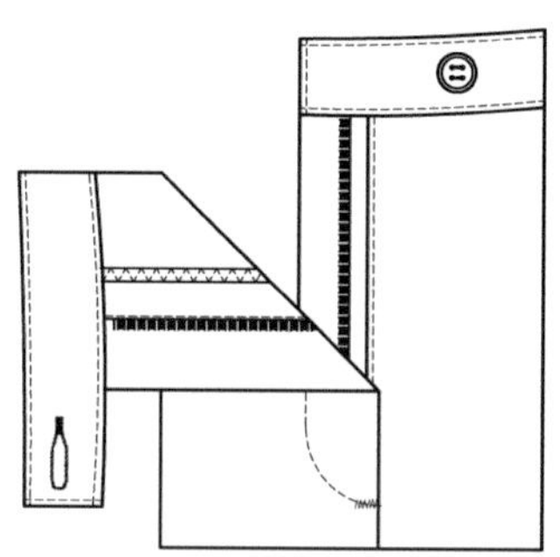

Simples com fecho ecler e botão do cós deslocado

Casas

Aberturas feitas no tecido para a passagem do botão. Normalmente, as casas têm a largura do botão mais duas vezes sua espessura, para garantir que uma parte da roupa fique presa à outra. Apresentam-se de diversas formas.

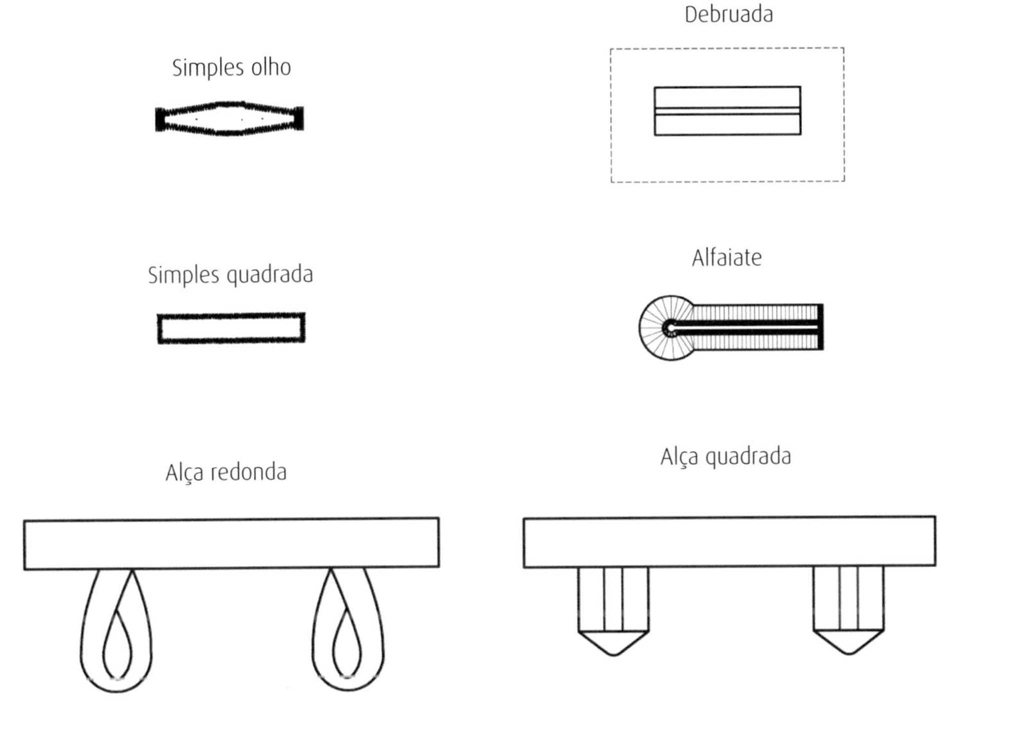

Botões

Inicialmente usados para fechar as vestimentas, os botões tornaram-se importantes objetos decorativos, sendo feitos com os mais diversos materiais e formas.

Fecho ecler

Sistema de engates, inventado no final do século XIX, para facilitar o fechamento das roupas.

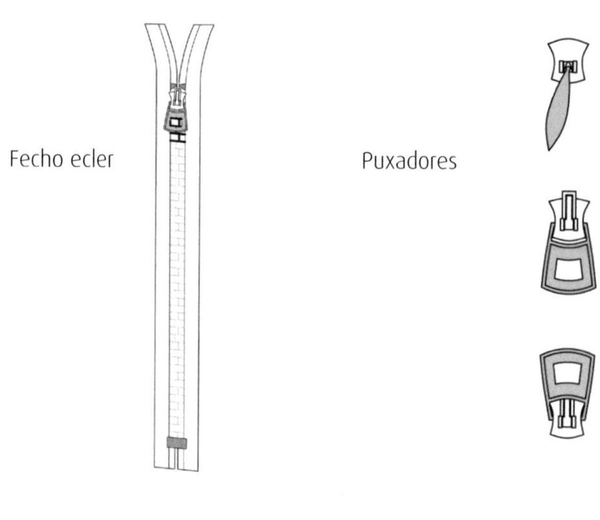

Amarração

Ligação de partes da roupa por meio de fio ou fita flexível, que passa por algum tipo de orifício.

Engates

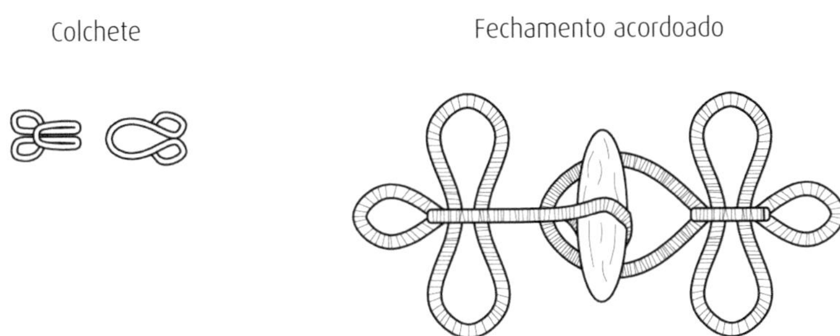

Fivelas

Sistema de engates composto de haste e orifício. As fivelas são também elementos de decoração das roupas.

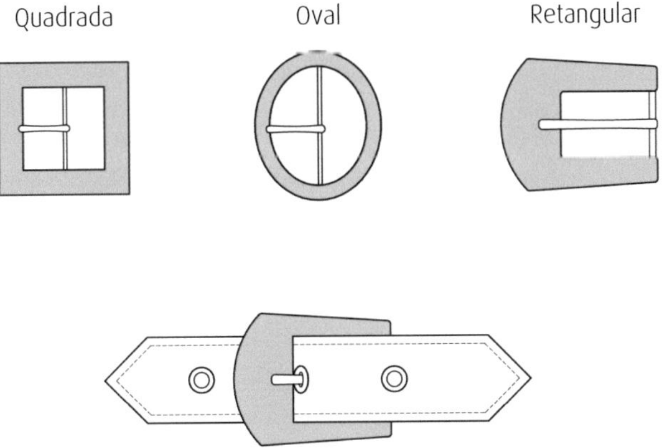

Laços

Ligação de partes da roupa por meio de duas tiras ou fios flexíveis, com terminação em laçada.

Outros fechamentos

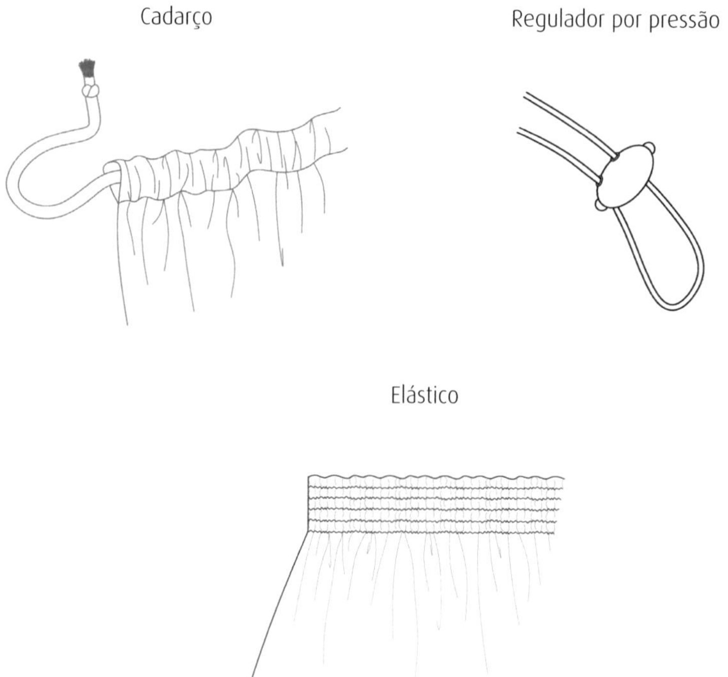

Bolsos

Espaços externos ou internos das roupas, que têm a função de guardar pequenos objetos. Podem ser chapados, embutidos ou abaulados.

Bolsos chapados

São costurados sobre a roupa, com ou sem fole.

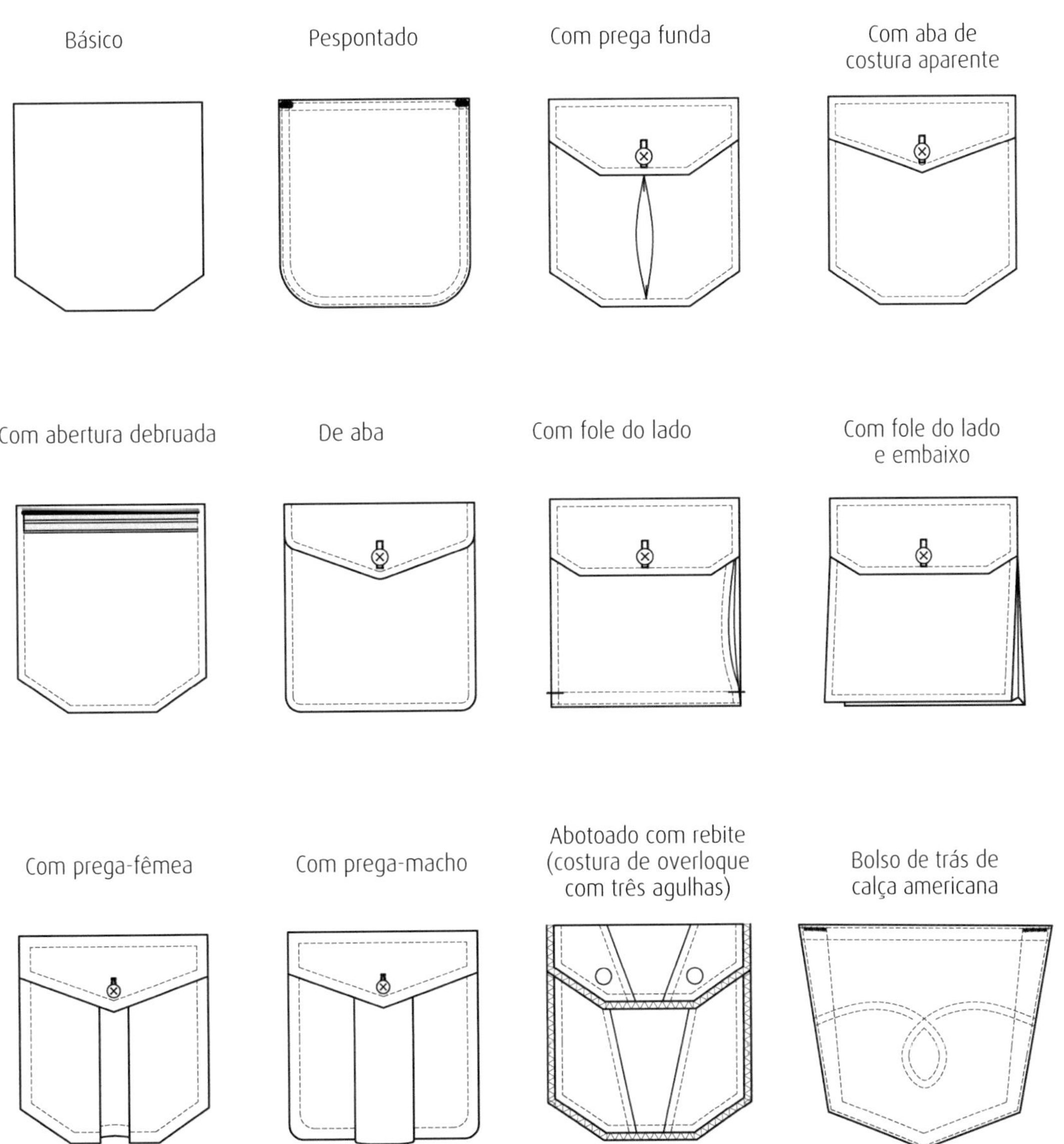

Bolsos embutidos

São feitos separadamente e aplicados à roupa pelo avesso.

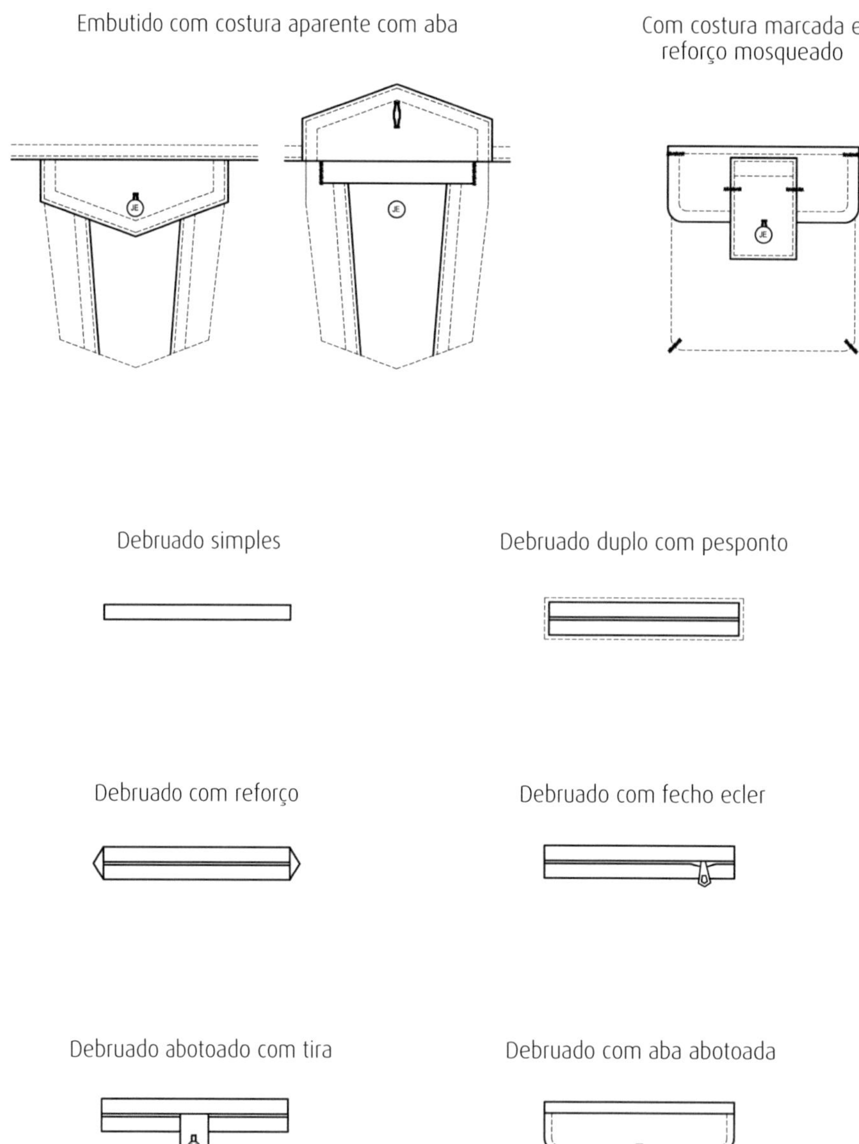

Bolsos laterais

Normalmente usados em saias e calças, os bolsos laterais são aplicados de modo a permitir a livre passagem das mãos.

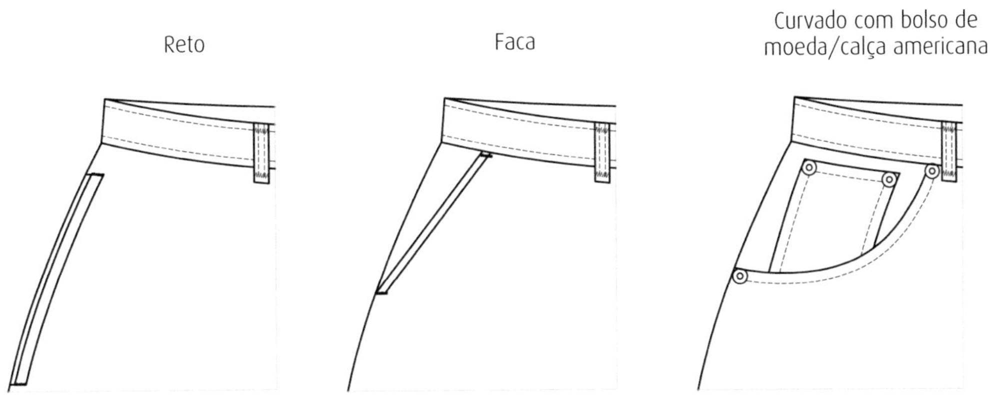

Bolsos abaulados

São feitos como os bolsos chapados, mas têm as arestas inferiores arredondadas, o que geralmente produz um volume extra de tecido e cria mais espaço interno.

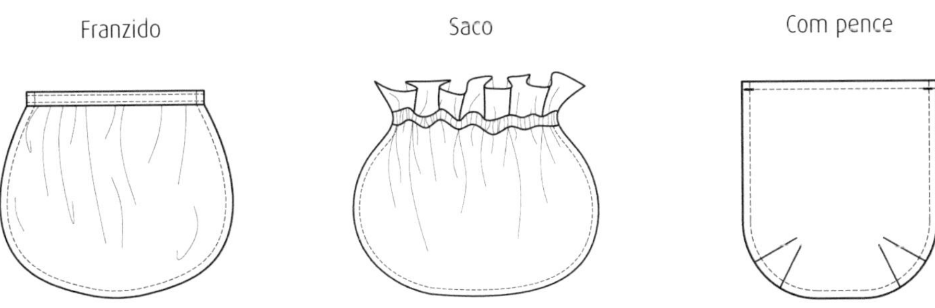

O desenho da roupa

Passamos agora para a prática de todos os conhecimentos apresentados anteriormente para o desenho técnico da roupa. Já vimos como se desenha a base do manequim plano; como se estrutura a roupa feminina – suas partes, diferentes possibilidades de modelos, de acessórios e panejamentos. Com tudo isso, já é possível fazer o desenho técnico da roupa.

O desenho da roupa pode ser feito, mantendo sua proporcionalidade, com base apenas nas linhas e pontos fundamentais marcados no manequim, sem necessidade de qualquer instrumento de medida.

Porém, para se obter mais exatidão, devem-se utilizar as medidas da peça, projetando-as sobre o manequim, com ajuda do escalímetro.

Para começar o desenho com medidas, é preciso sempre escolher um ponto na roupa – a linha do busto ou da cintura, por exemplo – e procurar sua equivalência no corpo do manequim. Com isso, é possível transferir corretamente o desenho em escala para o papel.

É importante lembrar que a linha do desenho, mesmo que a roupa seja justa, deve sempre ficar fora da linha do desenho do manequim.

O desenho deve ser feito em papel transparente sobre o desenho da base. Veja a seguir, como fazer o desenho da roupa usando a base do manequim.

Por esse método, é possível desenhar blusas, camisas, jaquetas, saias, calças. Nesse capítulo apresentamos uma camisa e uma calça desenhados sobre uma base sem medidas, e uma jaqueta desenhada sobre uma base com medidas.

A camisa

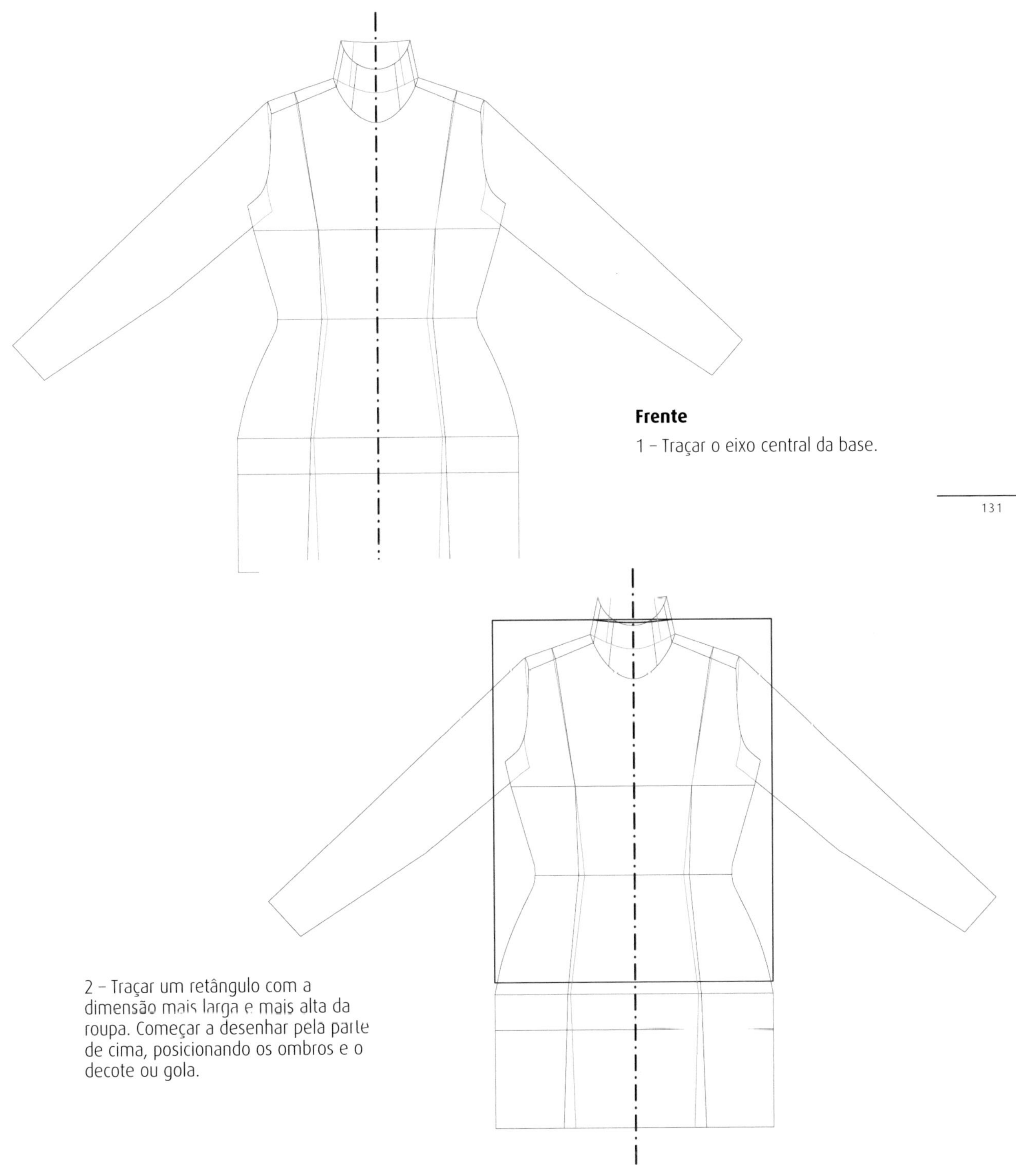

Frente

1 – Traçar o eixo central da base.

2 – Traçar um retângulo com a dimensão mais larga e mais alta da roupa. Começar a desenhar pela parte de cima, posicionando os ombros e o decote ou gola.

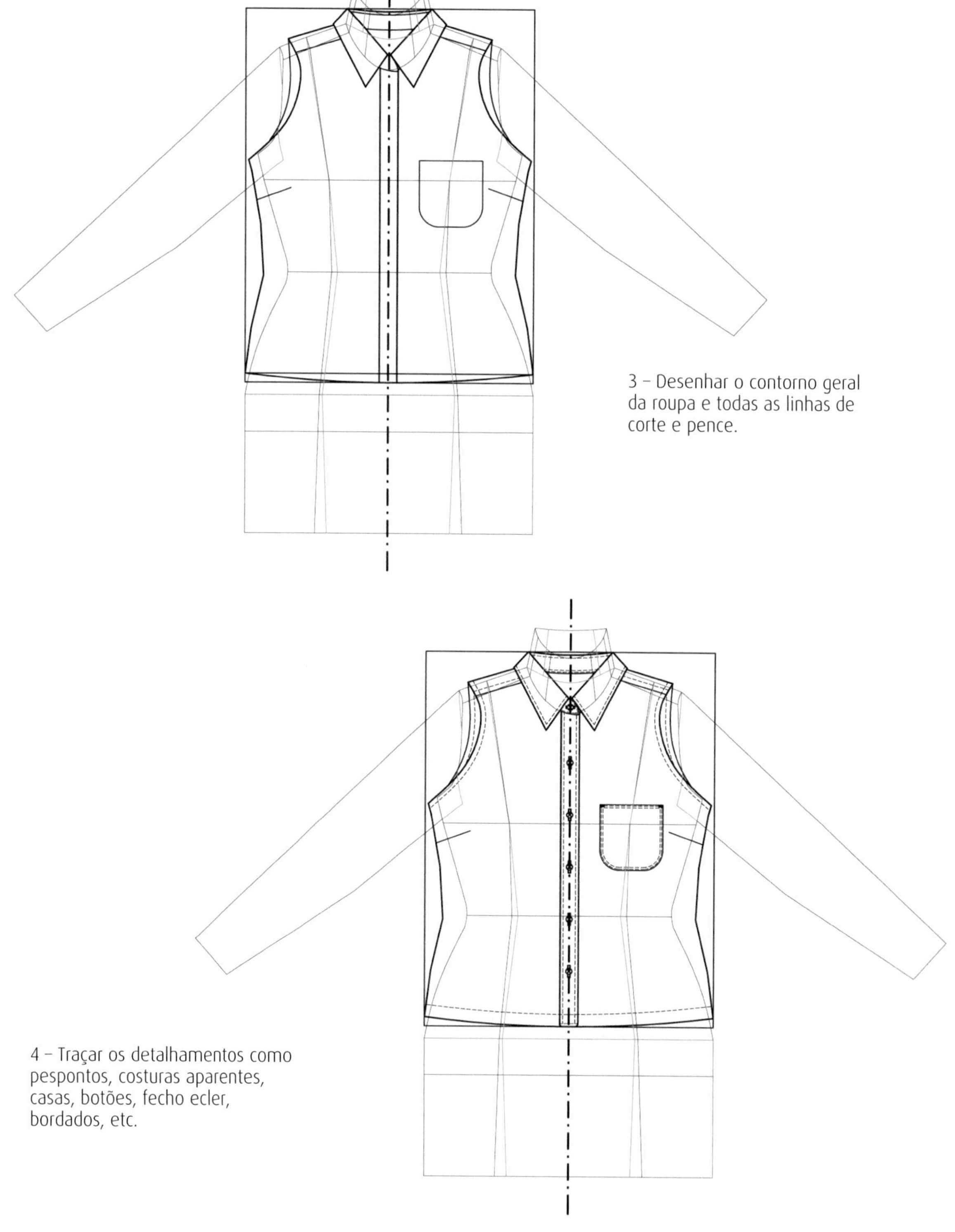

3 – Desenhar o contorno geral da roupa e todas as linhas de corte e pence.

4 – Traçar os detalhamentos como pespontos, costuras aparentes, casas, botões, fecho ecler, bordados, etc.

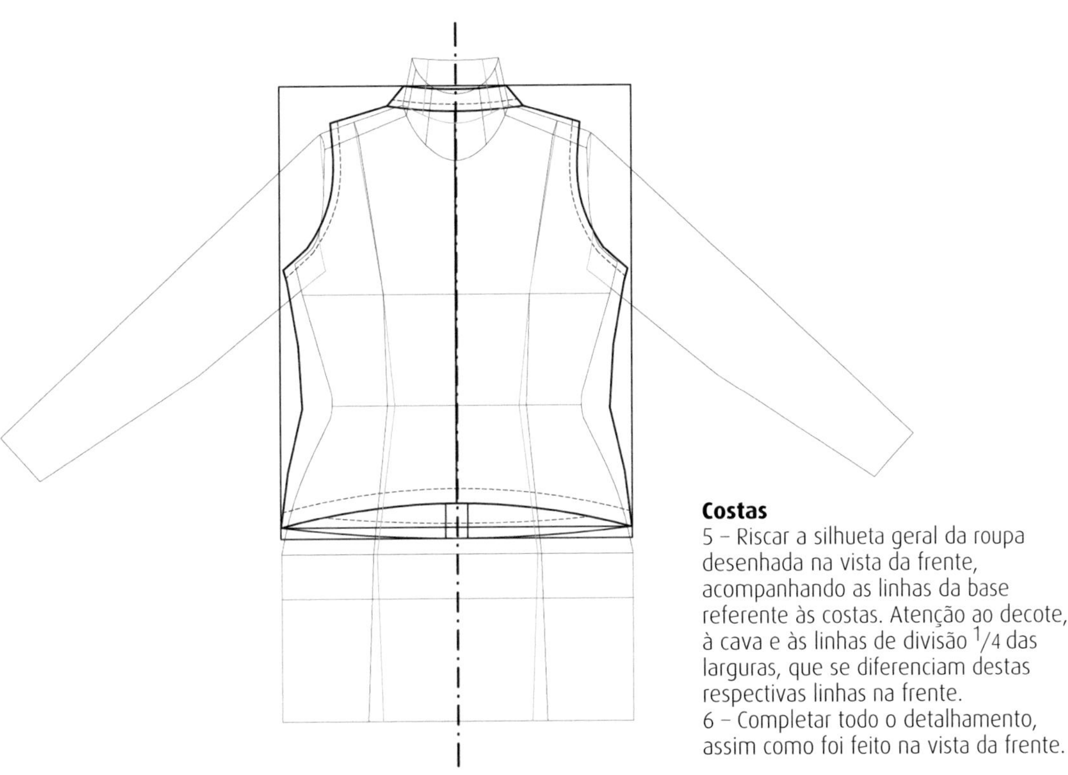

Costas

5 – Riscar a silhueta geral da roupa desenhada na vista da frente, acompanhando as linhas da base referente às costas. Atenção ao decote, à cava e às linhas de divisão 1/4 das larguras, que se diferenciam destas respectivas linhas na frente.

6 – Completar todo o detalhamento, assim como foi feito na vista da frente.

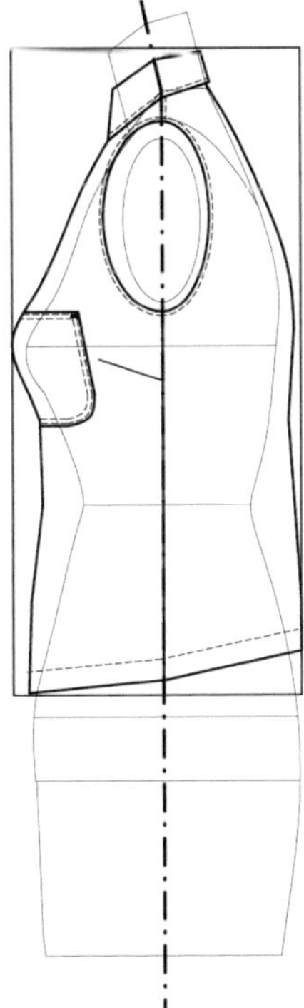

Lateral

7 – Projetar as alturas do desenho da frente e das costas na base lateral.

8 – Definir as larguras de acordo com o resultado dos desenhos anteriores.

A jaqueta

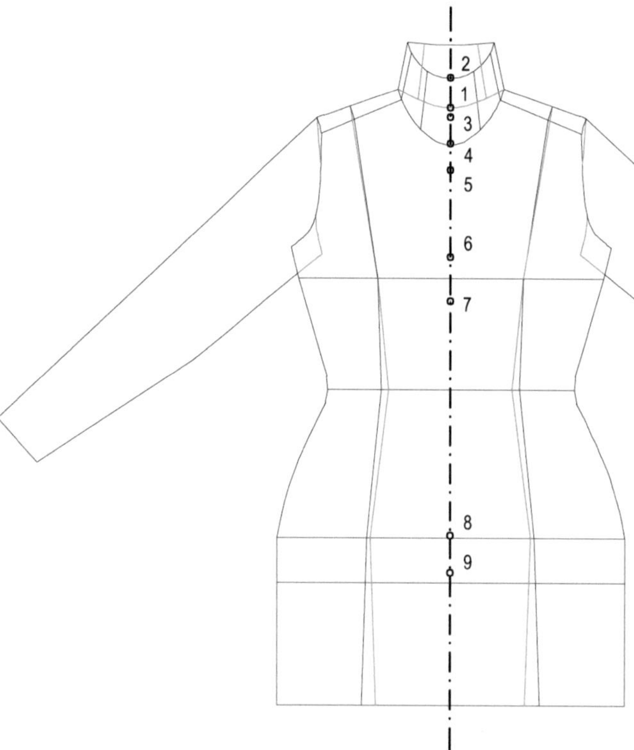

Alturas

Medir na jaqueta e marcar sobre o eixo central da base as alturas obtidas. Tomar como ponto de partida o meio do decote das costas da roupa (que coincide com o ponto do decote da base). Marcar os seguintes pontos:

1 – Decote das costas.
2 – Gola nas costas. Do centro do decote das costas, subir a altura da gola dobrada.
3 – Ombro. Esta altura é obtida projetando o ombro no eixo central da peça.
4 – Decote frente.
5 – Gola na frente.
6 – Cava (o mesmo procedimento feito no ombro).
7 – Pala.
8 – Cós.
9 – Final da peça.

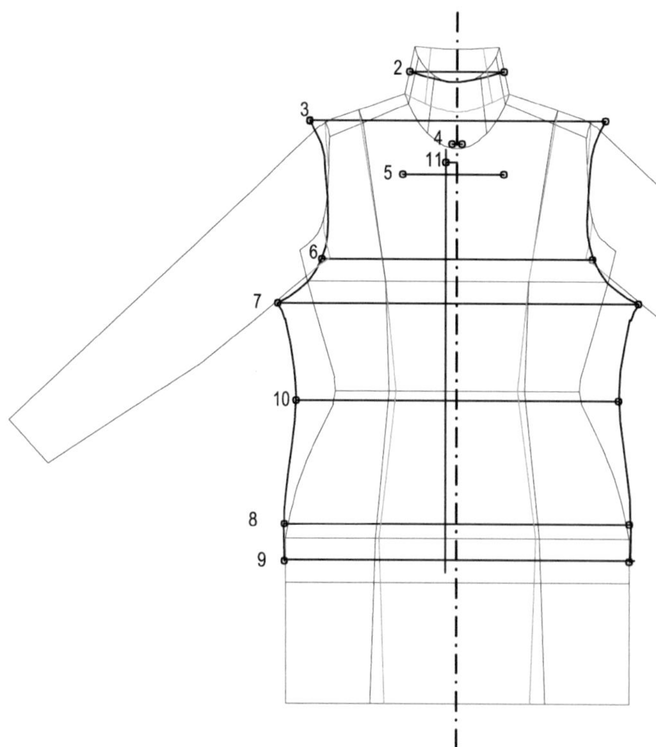

Larguras

Marcar as medidas de larguras projetando metade para cada lado, partindo dos seguintes pontos:

2 – Gola das costas.
3 – Ombro.
4 – Distância da gola, parte que é ligada ao decote.
5 – Distância da gola, parte que cai sobre o colo.
6 – Largura da pala.
7 – Cava a cava.
8 – Início do cós.
9 – Final do cós.
10 – Cintura.
11 – Largura da vista do abotoamento.

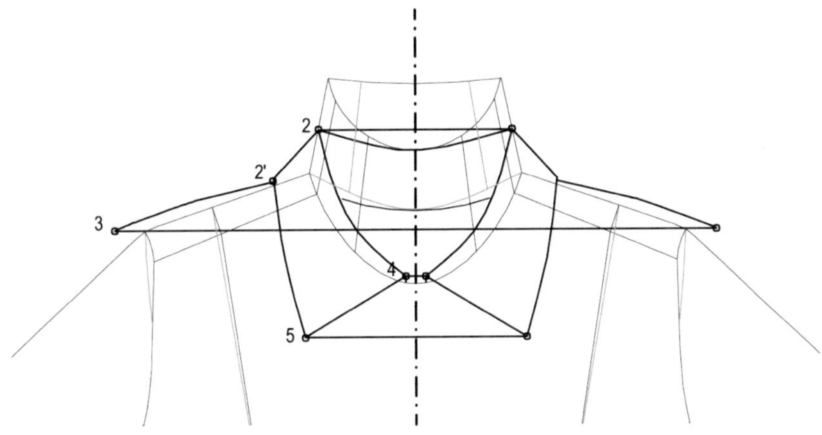

Gola

3 – Medir do ombro até o encontro da gola. Traçar a linha saindo do ombro, ligeiramente acima da linha do manequim.

2 – Do pescoço, descer uma linha em direção ao ombro da jaqueta. Achar o ponto **2'**.

2' – Desse ponto, descer a linha, até encontrar o ponto que indica a linha de abertura da gola.

4 – Descer de **2'** até o ponto **4**.

5 – Ligar esse ponto ao final da gola no pescoço.

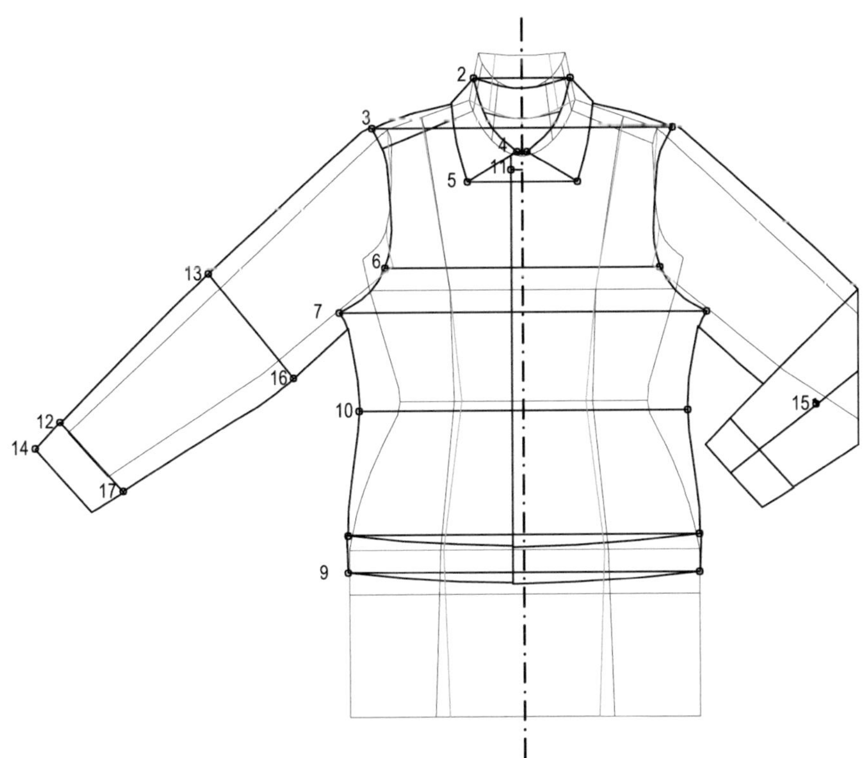

Manga

Alturas: Descer do ponto **3** a altura da manga. Achar o ponto **12** e, a partir daí, marcar o comprimento do punho. Marcar o ponto **14**. Dobrar a manga ao meio para determinar o cotovelo, ponto **13**. Nas costas, subir a medida da abertura ou carcela. Marcar o ponto **15**.

Larguras: Descer linhas perpendiculares dos pontos **13** e **14** com as medidas das larguras do cotovelo e do punho. Achar os pontos **16** e **17**. Ligar todos os pontos. Para encurvar o cós, levantar ligeiramente as laterais.

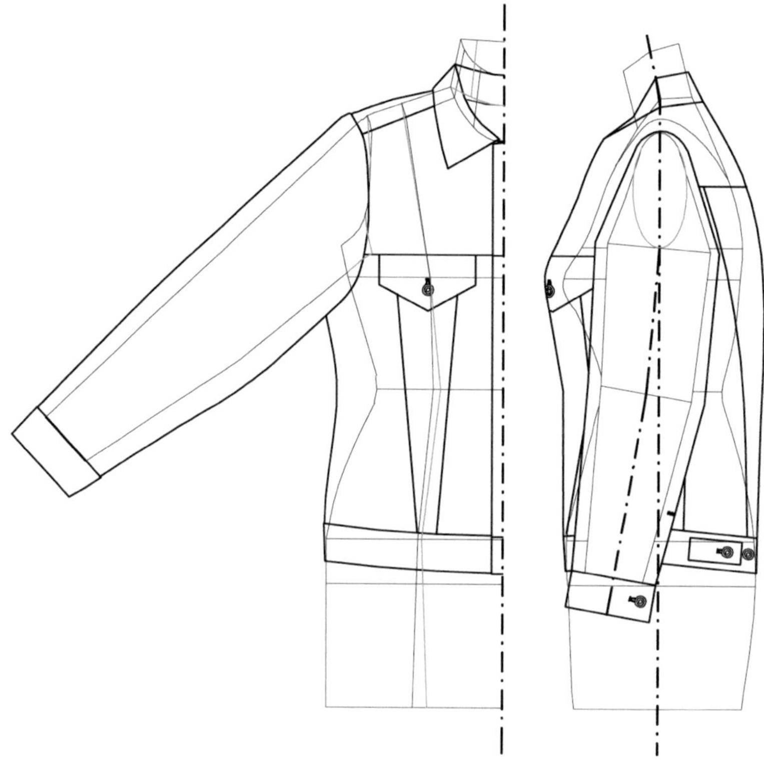

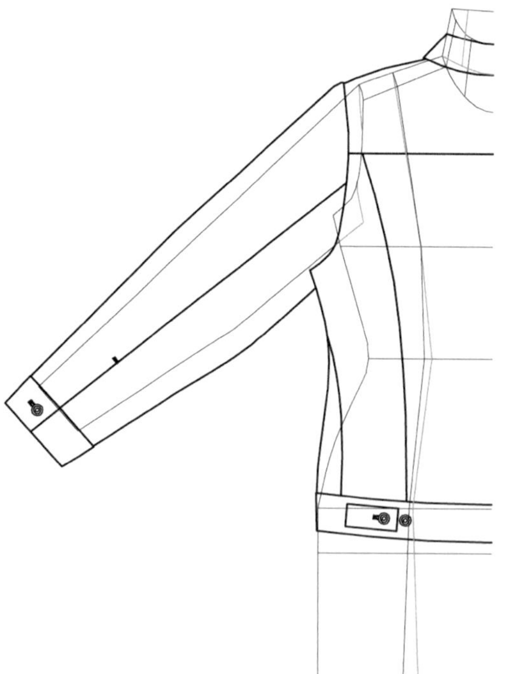

Lateral

O desenho da lateral é feito através das medidas de alturas e de 1/4 de largura.

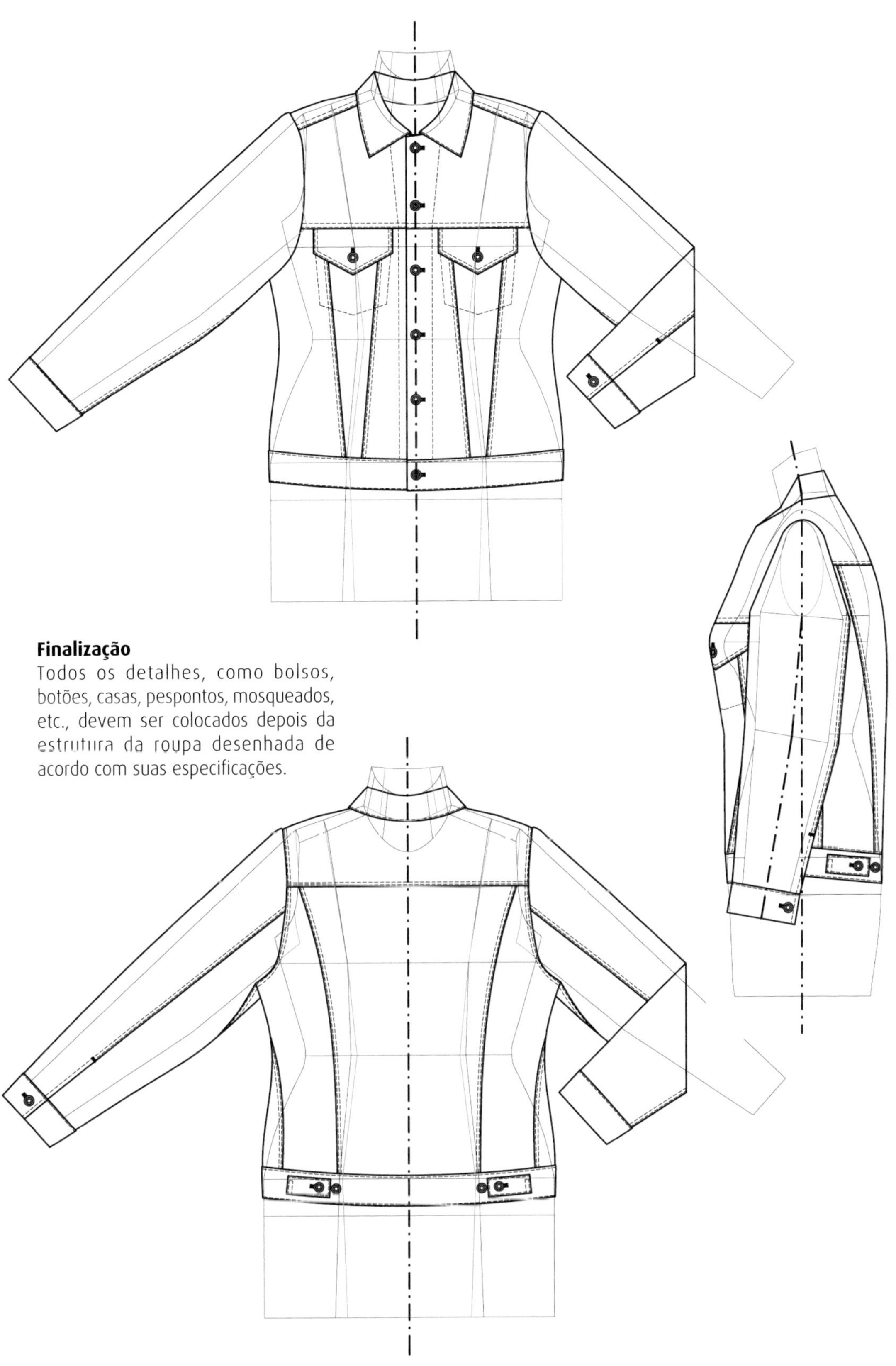

Finalização

Todos os detalhes, como bolsos, botões, casas, pespontos, mosqueados, etc., devem ser colocados depois da estrutura da roupa desenhada de acordo com suas especificações.

A calça

Lateral

Veja como desenhar sobre a base lateral da roupa:

1 – Girar os desenhos da frente e das costas, de modo que o eixo de $^1/4$ de uma das pernas fique na posição vertical.
2 – Desenhar ao lado um eixo vertical e projetar as alturas neste mesmo eixo.
3 – Projetar as medidas de largura na faixa de $^1/4$ de frente e costas.

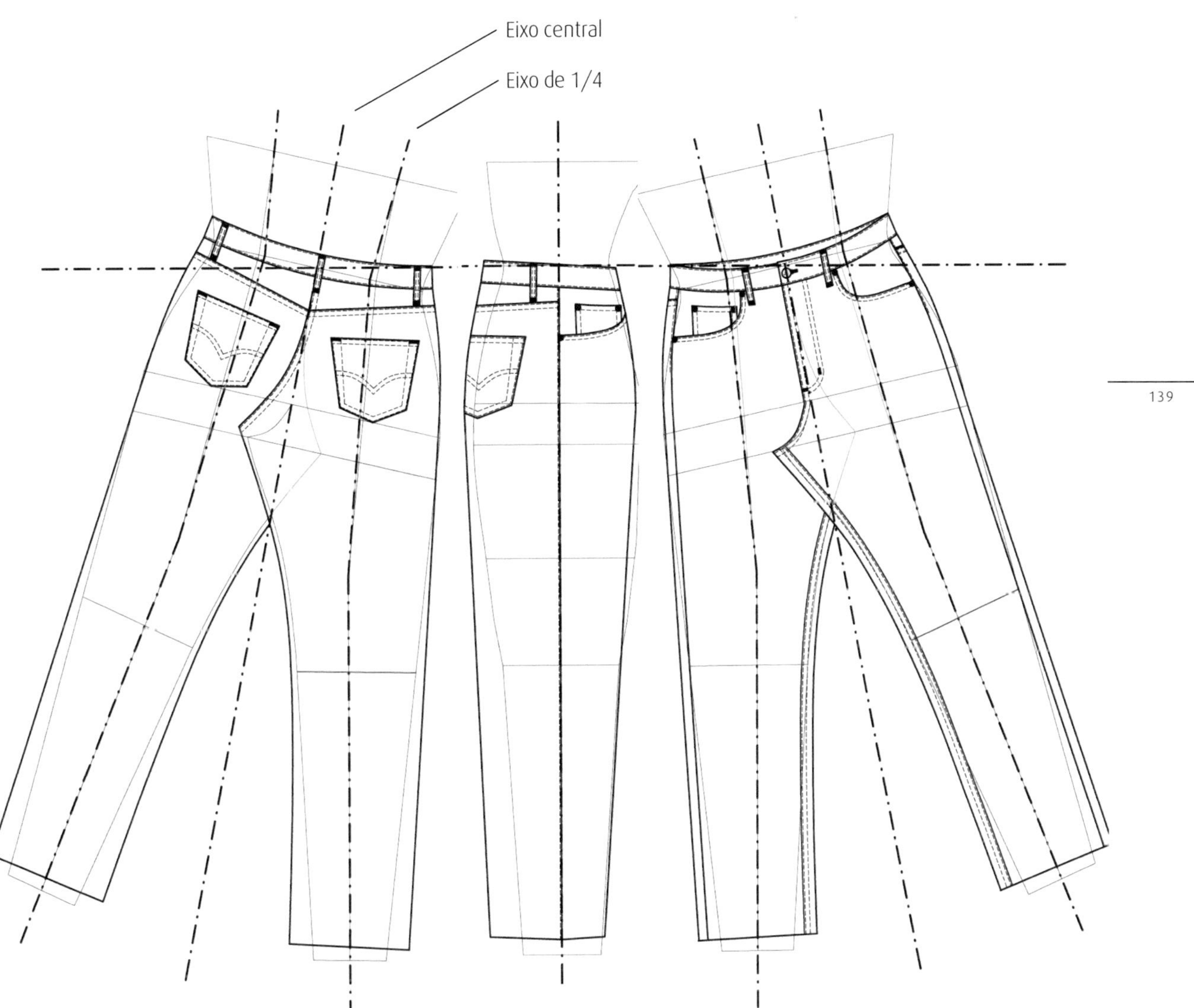

Cotas de medidas

Sabe-se que o desenho técnico da roupa é feito a partir de uma peça pronta e tem como função principal especificar todas as informações necessárias para a reprodução em série da roupa. Para garantir a equivalência entre as peças, apesar de todas elas estarem cortadas sobre o mesmo molde, ampliado e reduzido dentro da variação da grade de tamanhos, recomenda-se indicar no desenho as medidas referentes a cada parte e, quando necessário, sua localização.

Essas medidas são colocadas sobre as linhas de cotas, que são linhas auxiliares traçadas sobre o desenho ou projetadas para fora dele.

Todas as medidas são importantes na construção da roupa; no entanto, para não poluir o desenho, as medidas que devem ser consideradas são aquelas fundamentais na diferenciação do modelo.

Os desenhos que se seguem apresentam as medidas mais recorrentes. Outras podem surgir em função do modelo.

Camisa

Frente

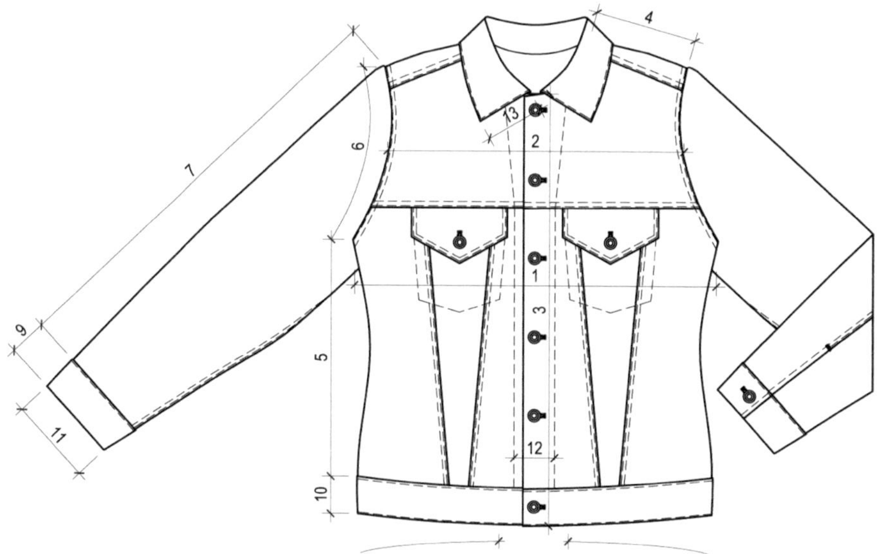

1 – Medida total do busto: deve ser tirada mais ou menos 2 cm abaixo da cava.

2 – Frente do tórax: medida entre o centro cava.

3 – Altura do pescoço até a bainha.

4 – Comprimento do ombro: tirado do pescoço até o ombro, coincide com a linha de costura.

5 – Altura da lateral: do ponto do final da cava até o final, excluindo o cós.
6 – Altura da cava: a curva do ponto do ombro até a cava.
7 – Altura da manga: do topo da cabeça da manga até o pulso, sem o punho.
8 – Largura da cintura: contorno da peça fechada.
9 – Altura do punho.
10 – Altura do cós: tirar na lateral.
11 – Largura do punho: contorno do punho fechado.
12 – Largura da vista: tira de abotoamento.
13 – Largura da gola: ponto preso ao pescoço até a borda da gola.

Costas

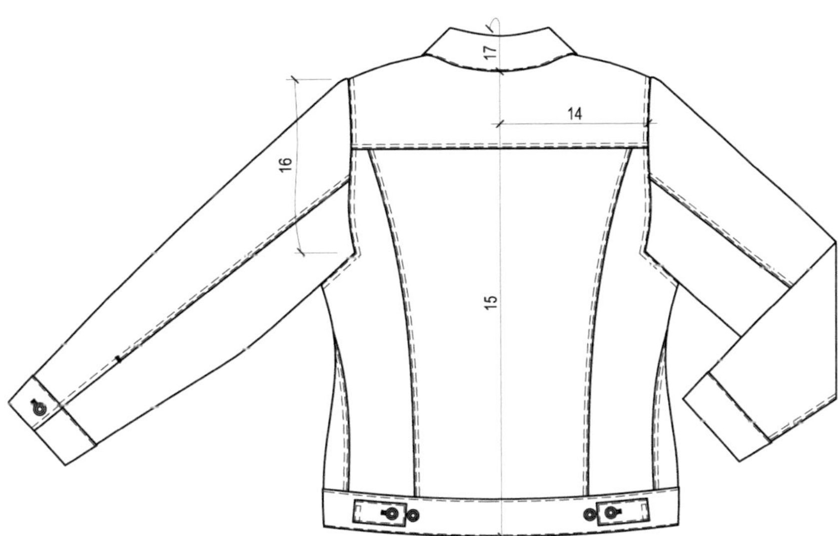

14 – Costas do tórax: medida entre o centro e a cava.
15 – Do centro do pescoço até a cintura.
16 – Altura da cava: a curva do ponto do ombro até a cava.
17 – Altura da gola: tirada do centro das costas com ela levantada.

Calça

Frente

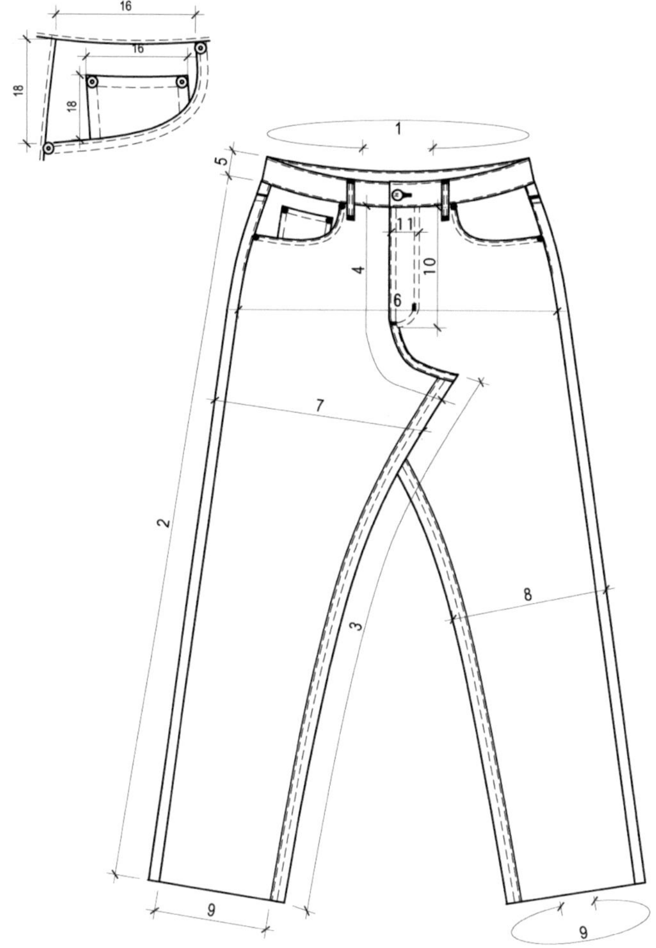

1 – Cintura: tirada com a peça abotoada; caso o cós tenha elástico, tira de ajuste ou outros, devem-se indicar duas medidas, da cintura contraída e dela esticada.

2 – Comprimento externo da perna: saindo de baixo do cós até a bainha.

3 – Entre pernas: do gancho até a bainha.

4 – Costura central: do cós até o gancho.

5 – Largura do cós: tirada na lateral do cós.

6 – Quadril: na parte mais larga.

7 – Coxa: 2 cm abaixo do gancho.

8 – Joelho: metade entre o gancho e a bainha.

9 – Largura da boca: entre costuras ou circunferência total.

10 – Altura da carcela.

Costas

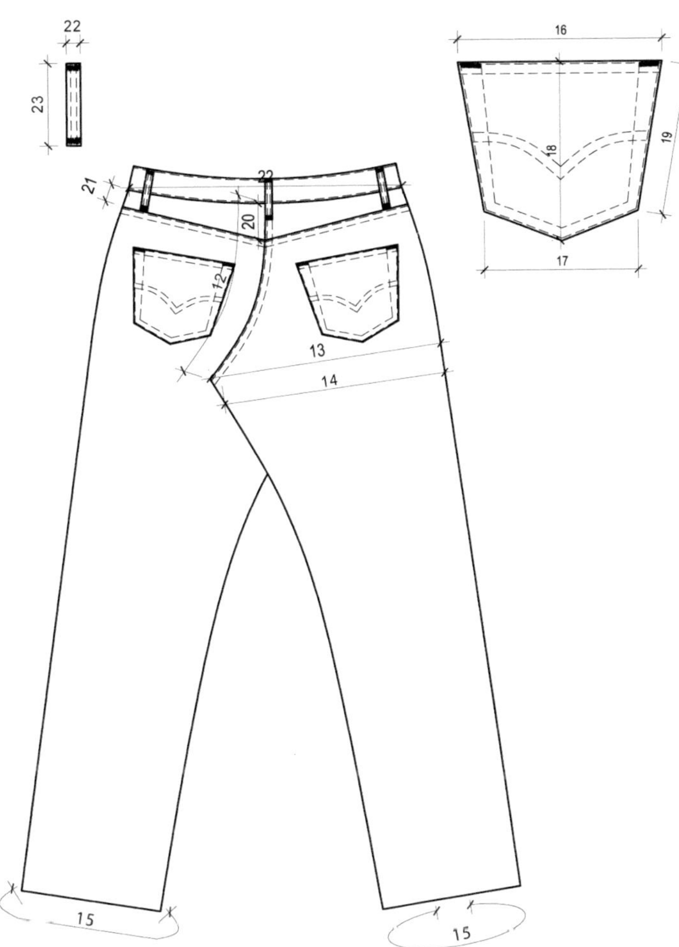

11 – Largura da carcela.

12 – Costura central das costas: do cós até o gancho.

13 – Largura do assento: parte mais larga do gancho.

14 – Coxa: 2 cm abaixo do gancho.

15 – Largura da boca: entre costuras ou circunferência total.

Bolsos

16 – Largura maior

17 – Largura menor

18 – Altura maior

19 Altura menor

Palas

20 – Altura: tirada pelo centro

21 – Largura: tirada na base

Passantes

22 – Largura

23 - Altura

Algumas partes da roupa, quando tiverem muitos detalhes, devem ser desenhadas à parte, em uma escala maior, oferecendo mais clareza para a compreensão do desenho.

Para melhor entender o objetivo e a organização de uma ficha técnica, veremos o processo de construção da roupa, começando na ideia do modelo e terminando no momento em que a roupa fica pronta e deverá ser comercializada. Veremos também o uso do desenho técnico como ferramenta que garante a padronização do produto.

Etapas da construção da roupa

CROQUI Desenho da ideia do modelo, que dá origem a todo o processo.

MODELAGEM Os moldes são desenvolvidos a partir do desenho do estilista, obedecendo a medidas da tabela adotada.

CORTE O tecido é cortado de acordo com os moldes.

MONTAGEM ou **FECHAMENTO** As partes cortadas das peças são unidas, passando por operações e máquinas diferenciadas.

PRIMEIRA PROVA Prova da roupa montada, isto é, sem acabamento.

ACABAMENTO As operações de finalização da roupa são executadas: limpeza, colocação de botão, caseamento, etc.

SEGUNDA PROVA Prova definitiva, que, depois de aprovada, será a matriz da peça-piloto.

PILOTO Nome dado à peça de roupa que servirá de base para reprodução; modelo, protótipo.

FICHA TÉCNICA Desenho e análise técnica da roupa. Veja, mais adiante, todas as partes que compõem uma ficha técnica.

Etapas da reprodução da roupa

AMPLIAÇÃO Os diferentes tamanhos/manequins são desenvolvidos a partir do molde inicial, obedecendo a uma escala-padrão.

RISCO Os diferentes tamanhos são encaixados e riscados no enfesto, buscando o melhor aproveitamento do tecido.

CORTE O tecido é organizado no enfesto, garantindo o corte em grandes quantidades.

MONTAGEM ou **FECHAMENTO** Mesmo procedimento da fase de pilotagem, mas em escala industrial.

ACABAMENTO Mesmo procedimento da fase de pilotagem, mas em escala industrial.

PASSADORIA As costuras são assentadas e é possível marcar detalhes das dobras, vincos, pregas e caimento.

CONTROLE DE QUALIDADE Inspeção feita para garantir que o produto não tenha nenhum tipo de defeito.

Para ilustrar os processos de construção e de reprodução da roupa, apresentamos a seguir um fluxograma explicativo.

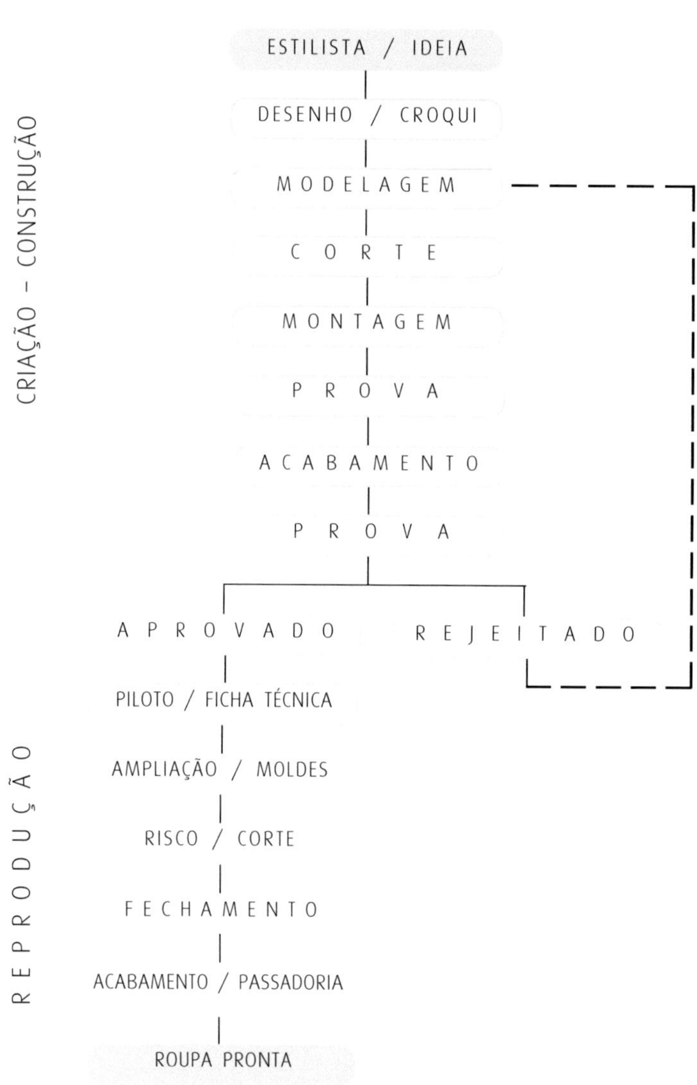

A ficha técnica

Esse documento tem como objetivo informar os dados peculiares do produto, que são o desenho técnico e as informações sobre a matéria-prima e o modo de produção. A ficha técnica deve conter toda a memória descritiva do produto.

Cada empresa desenvolve a ficha de acordo com seus interesses. Os critérios são estabelecidos de acordo com o tipo de produto e a organização de sua produção.

A formatação de uma ficha técnica é flexível, não há uma regra geral. No entanto, para que ela seja completa, recomenda-se que ela contenha:

1 – **Cabeçalho** referindo o nome da empresa, a coleção, o nome da peça, sua referência, a data, uma breve descrição e tudo que for pertinente à denominação do produto.

2 – **Desenho técnico do modelo**, de frente, de costas, se necessário, de lateral.

3 – **Dados dos materiais utilizados**, que podem ser divididos em principais e secundários; aviamentos e materiais de adorno em geral. Devem ser assim descritos: nome do material e/ou código, composição, especificação de tamanho (no caso do tecido, a largura; e de outros produtos como botão e fecho ecler, a numeração), gasto, cor, fabricante, fornecedor, preço por unidade.

4 – **Etiquetas** devem trazer obrigatoriamente as seguintes informações:

- Nome fantasia e marca registrada ou razão social (por extenso).
- Tratamento e cuidados de conservação, por texto ou símbolo.
- Indicação do tamanho da peça, por número ou letra.
- Os dados de composição do tecido, com nome das fibras e o percentual de incidência, em ordem decrescente.
- Cadastro da pessoa jurídica (CNPJ) da empresa e país de origem.

5 – **Beneficiamento**, quando o produto passa por algum processo de transformação que não faça parte da confecção em si, como tingimento, estamparia, bordado ou lavagem.

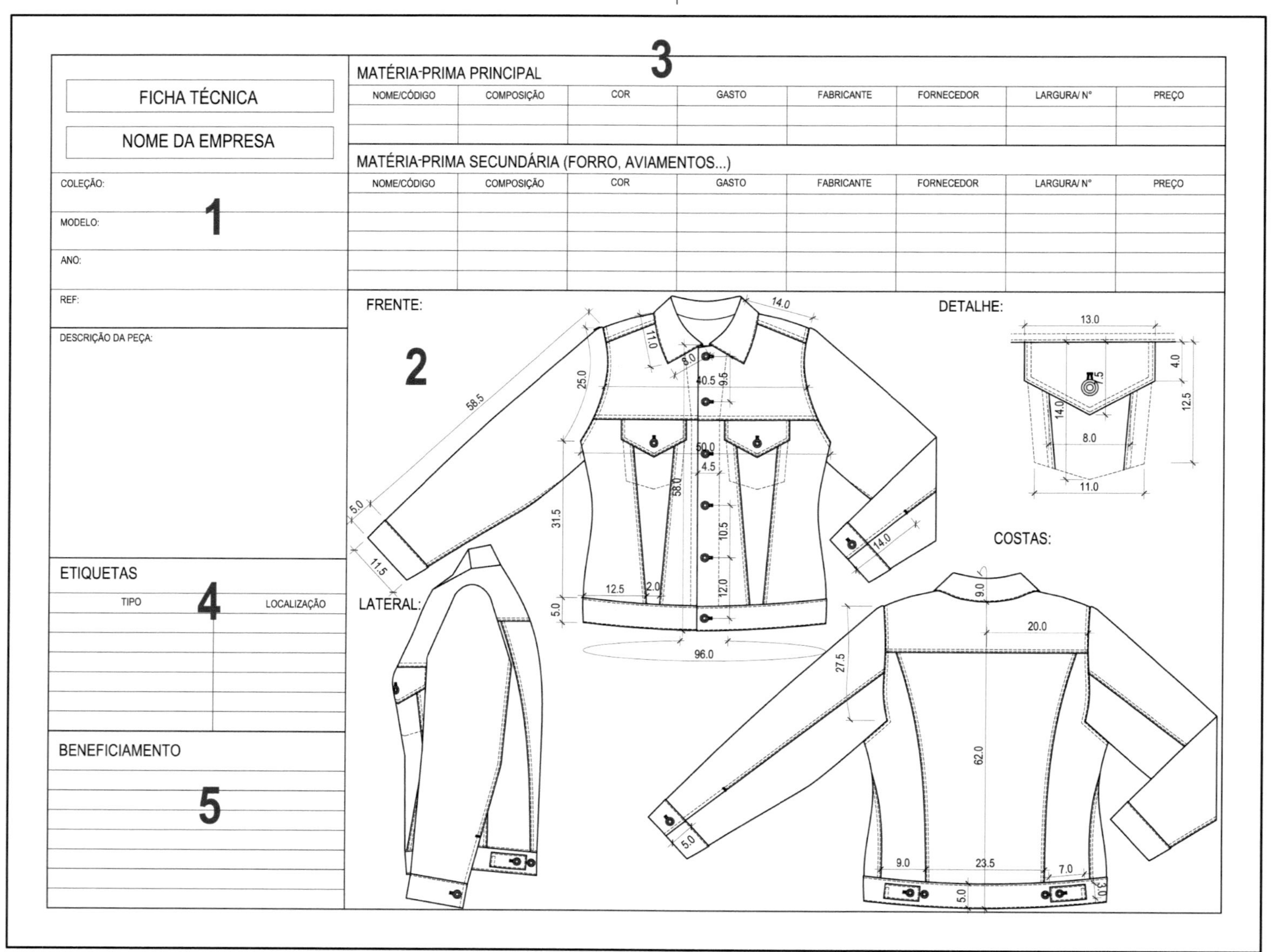

FICHA TÉCNICA

NOME DA EMPRESA

COLEÇÃO:

MODELO:

ANO:

REF:

DESCRIÇÃO DA PEÇA:

MATÉRIA-PRIMA PRINCIPAL

NOME/CÓDIGO	COMPOSIÇÃO	COR	GASTO	FABRICANTE	FORNECEDOR	LARGURA/ N°	PREÇO

MATÉRIA-PRIMA SECUNDÁRIA (FORRO, AVIAMENTOS...)

NOME/CÓDIGO	COMPOSIÇÃO	COR	GASTO	FABRICANTE	FORNECEDOR	LARGURA/ N°	PREÇO

ETIQUETAS

TIPO	LOCALIZAÇÃO

BENEFICIAMENTO

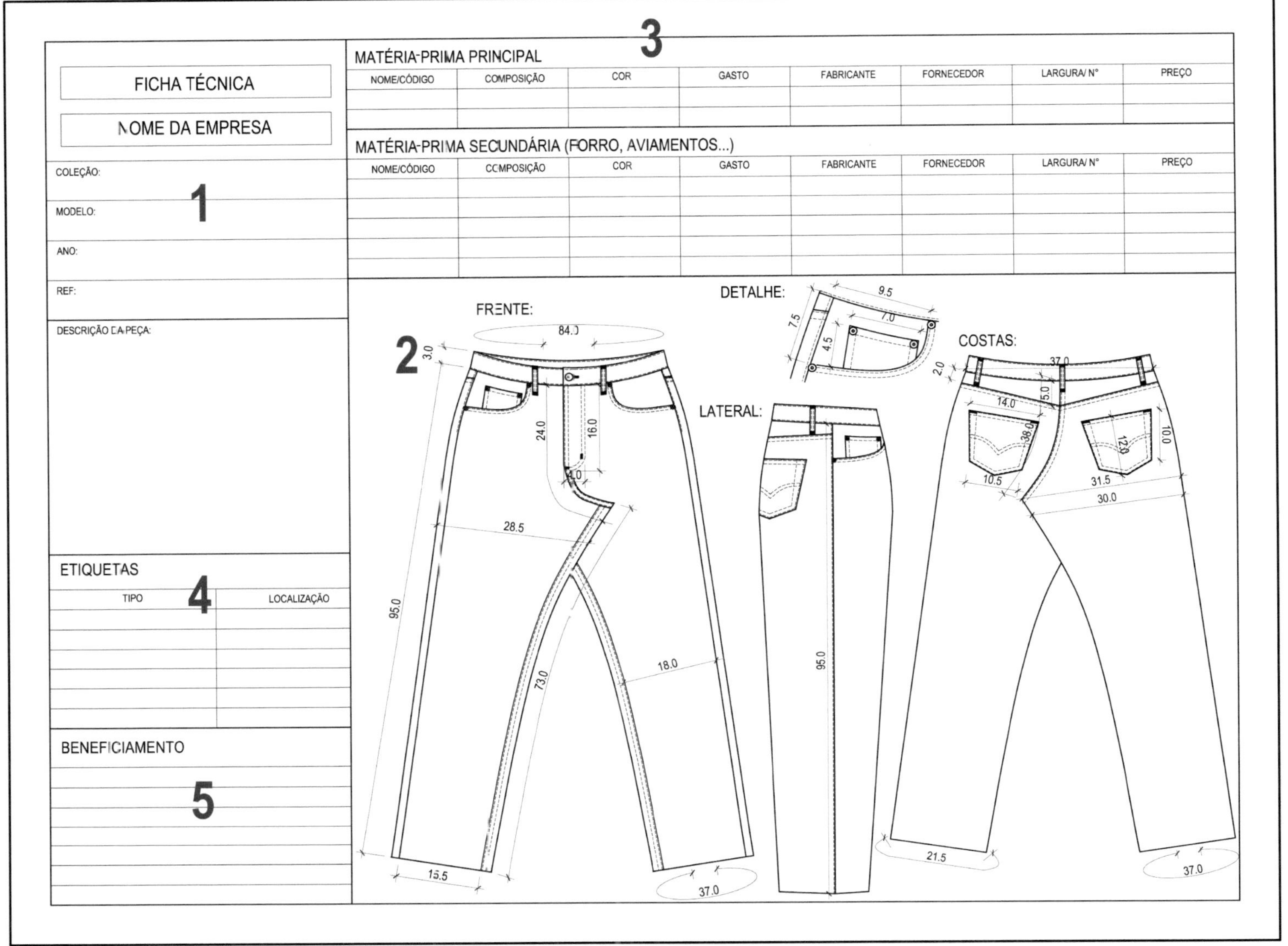

FICHA TÉCNICA

NOME DA EMPRESA

COLEÇÃO:

MODELO:

ANO:

REF:

DESCRIÇÃO DA PEÇA:

ETIQUETAS

TIPO	LOCALIZAÇÃO

BENEFICIAMENTO

MATÉRIA-PRIMA PRINCIPAL

NOME/CÓDIGO	COMPOSIÇÃO	COR	GASTO	FABRICANTE	FORNECEDOR	LARGURA/ N°	PREÇO

MATÉRIA-PRIMA SECUNDÁRIA (FORRO, AVIAMENTOS...)

NOME/CÓDIGO	COMPOSIÇÃO	COR	GASTO	FABRICANTE	FORNECEDOR	LARGURA/ N°	PREÇO

Além das informações já citadas, a ficha técnica contém também:

6 - **Grade de tamanho,** quadro com os tamanhos e o número de peças que serão produzidos.

7 - **Sequência de montagem da peça,** ordem em que a peça é costurada.

8 - **Sequência operacional,** informa sobre a operação que vai ser feita e o tipo de ferramenta que será utilizada.

9 - **Minutagem,** medição de tempo (minutos) gasto em cada operação.

10 - **Modelagem planificada,** todas as peças do molde desenhadas separadamente.

11 - **Descrição da peça**.

FICHA TÉCNICA

NOME DA EMPRESA

COLEÇÃO:

MODELO:

ANO:

REF:

SEQUÊNCIA DE MONTAGEM DA PEÇA	SEQUÊNCIA OPERACIONAL	MIN
1	1	
2	2	
3 **7**	3 **8**	**9**
4	4	
5	5	
6	6	
7	7	
8	8	
9	9	
10	10	
11	11	
12	12	

DESCRIÇÃO DA PEÇA:

11

MODELAGEM PLANIFICADA

10

GRADE DE TAMANHO

COR/ TECIDO	PP	P	M	M	G	G	GG
	36	38	40	42	44	46	48
6							
TOTAL:							

TOTAL GERAL:

OBSERVAÇÕES

Exemplos de desenhos

Nas páginas a seguir, veremos exemplos de desenhos técnicos feitos com a metodologia apresentada neste livro. Os desenhos mostram as medidas de cada parte da roupa. Mas é preciso lembrar que jamais haverá uma correspondência absoluta, pois os desenhos são representações simétricas e bidimensionais, enquanto as roupas são tridimensionais, ou seja, têm volume. As roupas escolhidas correspondem ao manequim 40, conforme o padrão estabelecido para todas as outras deste livro. Os modelos foram escolhidos tendo como base a preferência do público consumidor de moda prêt-à-porter.

Blusa sem manga com ombro recuado

e calça jeans cinco bolsos

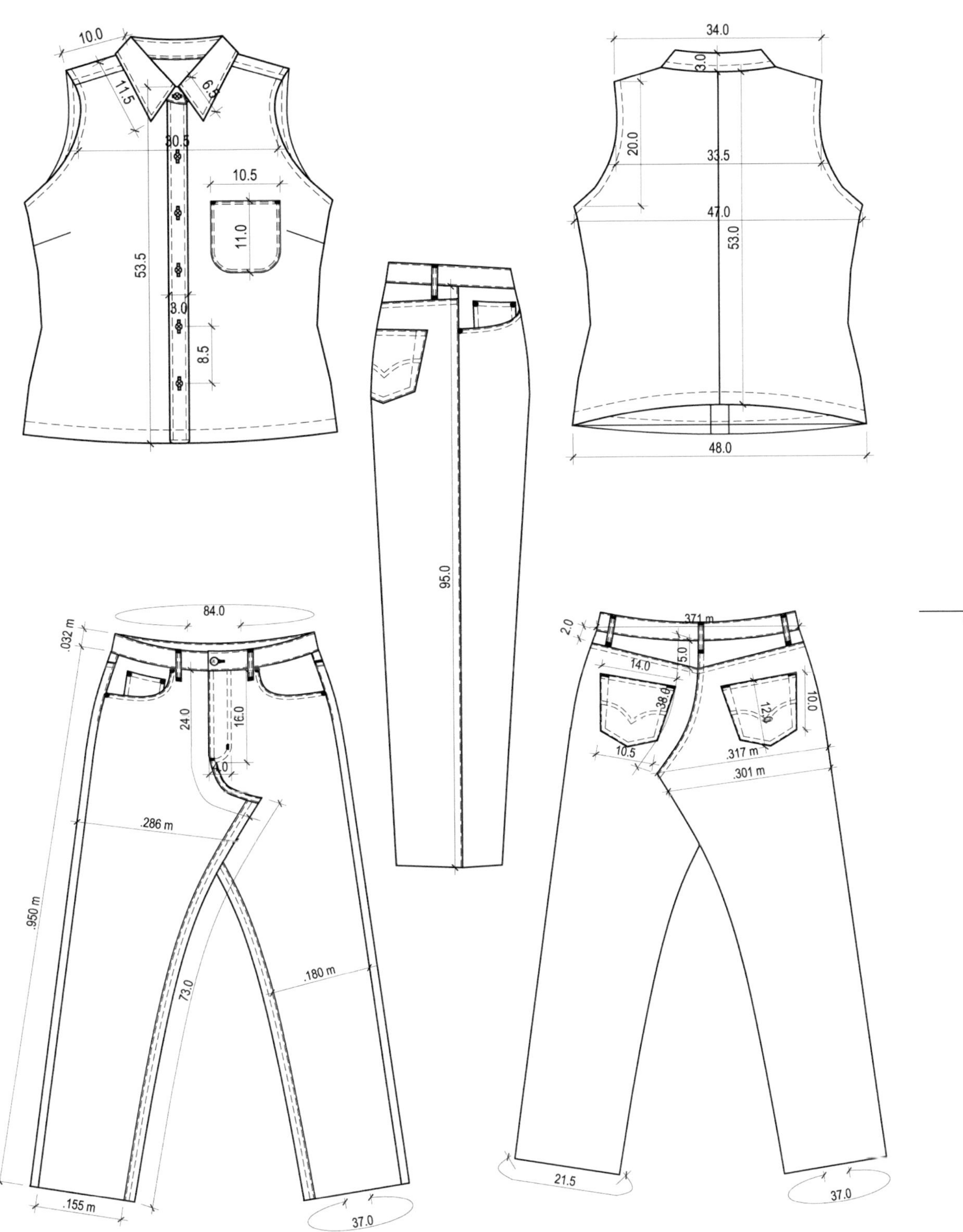
10.0
11.5
6.5
30.5
10.5
11.0
53.5
3.0
8.5
34.0
3.0
20.0
33.5
47.0
53.0
48.0
95.0
84.0
.032 m
24.0
16.0
4.0
.286 m
.950 m
.180 m
73.0
.155 m
37.0
2.0
.371 m
5.0
14.0
38.0
12.0
10.0
10.5
.317 m
.301 m
21.5
37.0

Jaqueta jeans

e saia jeans cinco bolsos

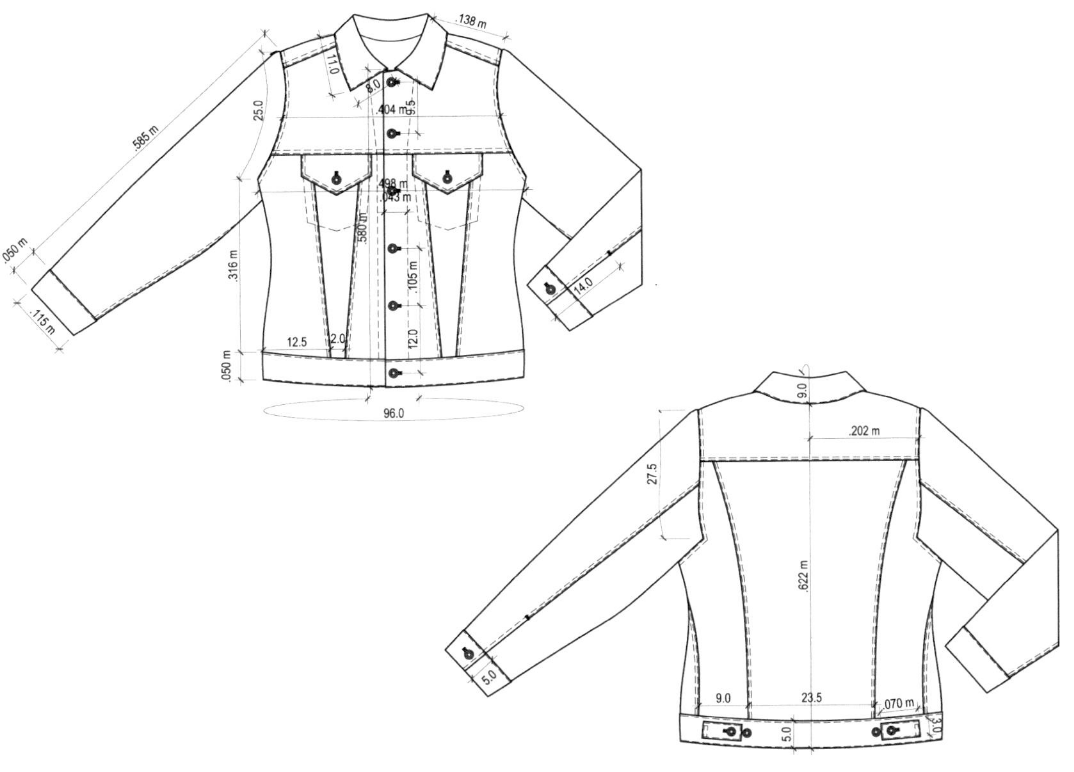
.138 m
11.0
8.0
.404 m
9.5
25.0
.585 m
.498 m
.043 m
.580 m
.050 m
.316 m
.105 m
14.0
.115 m
12.5
2.0
12.0
.050 m
96.0
9.0
.202 m
27.5
.622 m
5.0
9.0
23.5
.070 m
5.0
3.0

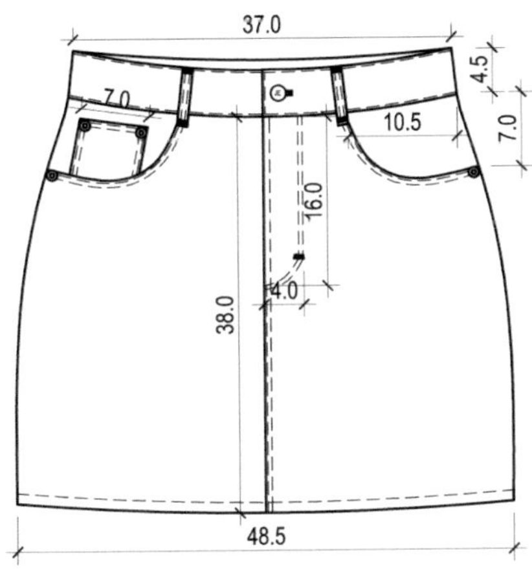
37.0
4.5
7.0
10.5
7.0
16.0
4.0
38.0
48.5

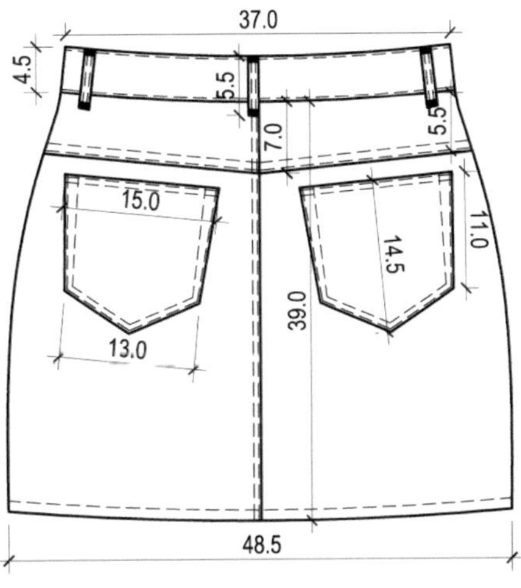
37.0
4.5
5.5
5.5
7.0
15.0
11.0
14.5
39.0
13.0
48.5

Vestido godê

20.0
44.0
27.5
34.0
81.5
12.0
27.5
50.0
32.0
15.0
81.5

BIBLIOGRAFIA

BACLAWSKI, Karen. **The guide to historic costume**. London: B. T. Bastford, 1995.

BRANDÃO, Gil. **Aprenda a costurar**. Rio de Janeiro: Edições Jornal do Brasil, 1964.

GUERRE, Lavigne. **Méthode de dessin figurine de mode**. Paris: MPGL, 1979.

MCKELVEY, Kathryn. **Fashion source book**. New Castle: Blackweel Science, 1996.

O'HARA, Georgina. **Enciclopédia da moda**. São Paulo: Cia. das Letras, 1992.

SENAC. DN. **Modelagem plana feminina** / Paulo de Tarso Fulco; Rosa Lúcia de Almeida Silva. Rio de Janeiro: Ed. Senac Nacional, 2003.

TAKAMURA, Zeshu. **The use of markersin fashion ilustrations**. Tokyo: Gurafikusha, 1991.

WARDEN, Jassie Aubrey; GOLDING, Martha Ann; STAM, Judy. **Principles for creating clothing**. New York: J. Wiley, 1969.

WESTERMAN, Maxine. **Elementary fashion design and trade sketching**. New York: Fairchild Publ., 1997.

YAJIMA, Isao. **Mode drawing**. Tokyo: Atorie, 1985.

Formada em comunicação social pela PUC-Rio, **Adriana Sampaio Leite** é mestre em design pela mesma universidade e fez vários cursos de especialização em figurino e moda no Brasil e na Itália. Trabalhou como figurinista na TV Globo por dez anos, tendo realizado também figurinos para teatro, cinema, publicidade, shows e videoclipes. Atualmente dá aulas nos cursos de design da PUC-Rio e da Faculdade de Moda Veiga de Almeida. Em 2001, publicou pela Editora Paz e Terra o livro *Figurino: uma experiência na televisão.*

Designer formada pela Escola Superior de Desenho Industrial do Rio de Janeiro – ESDI, **Marta Delgado Velloso** desde cedo dirigiu seu interesse para a área de moda, onde vem atuando desde 1980. Trabalhou como assessora do Departamento de Figurinos da TV Globo, criando e supervisionando a confecção de roupas, e depois tornou-se professora de desenho técnico de moda na Faculdade de Moda Veiga de Almeida.